Roland Kadan

Da David und sei Pantscherl

Altes Testament auf Wienerisch

ROLAND KADAN

Da David und sei Pantscherl

Altes Testament auf Wienerisch

braumüller

Bibliografische Information der Deutschen Nationalbibliothek
Die Deutsche Nationalbibliothek verzeichnet diese Publikation in der Deutschen Nationalbibliografie; detaillierte bibliografische Daten sind im Internet über http://dnb.d-nb.de abrufbar.

Printed in Austria

1. Auflage 2017

Servitengasse 5, A-1090 Wien
www.braumueller.at

Fotos auf den Seiten 22, 60 und 88: Archiv des Autors;
Seiten 22 und 88: Katholische Bibel, Das ist die ganze Heilige Schrift alten und neuen Testaments, gedruckt bey Johann Joseph Fleischmann, Nürnberg 1763

Druck: Christian Theiss GmbH, A-9431 St. Stefan im Lavanttal
ISBN 978-3-99100-217-8

Vorwort

Die Fußstapfen, in die ich mit dieser Übersetzung ins Wienerische trete, sind denkbar groß: Wolfgang Teuschls „Da Jesus und seine Hawara" erschien bereits 1971 und ist nach anfänglichem Skandalgeschrei längst zum Klassiker geworden. Da sein Werk ausschließlich Evangelientexte, also Abschnitte aus dem Neuen Testament enthält, war es längst an der Zeit, die Kraft des wienerischen Idioms auch an Texten aus der Hebräischen Bibel deutlich werden zu lassen.

Dort finden sich jene Geschichten, die untrennbar zu unserem Kontinent gehören und denen man daher auch auf Schritt und Tritt begegnet: Adam und Eva, Samson und Delila, Jona und der Walfisch. Man begegnet ihnen in Rom (Michelangelos Moses in San Pietro in Vincoli) und in Wien (Bruegels „Turmbau zu Babel" im Kunsthistorischen Museum), in Filmen („Der Prinz von Ägypten", der sog. Exodus) und in der Musik (die Titelgeschichte um David in Leonard Cohens „Hallelujah"). Und in einer Zeit, in der Dialekte generell von der TV-Einheitssprache bedroht sind, steigt gleichzeitig, wie auch die verschiedenen Asterix-Versionen belegen, das Interesse am Dialekt. Kein Wunder, hat er doch viel mehr Nuancen als die Hochsprache und verfügt über eine Intensität und Authentizität, die jener abgehen. Die Liebe zum Dialekt meiner Heimatstadt wurde mir als echtem Wiener (mit Wiener Eltern und tschechischem Nachnamen) quasi in die Wiege gelegt; sie wurde dann von Arik Brauer, aber auch von Josef Weinheber weiter entfacht (ja, ich weiß, dass es kühn ist, beide in einem Atemzug zu nennen, um nicht zu sagen: eine Chuzpe), gefestigt wurde sie vor allem vom unsterblichen Helmut Qualtinger. Und dass ich nun schon fast ein Vierteljahrhundert im Heimatbezirk H. C. Artmanns wohne, ist mir Ehre und Verpflichtung.

Die Schreibweise des Wienerischen kann klarerweise nicht standardisiert sein, und so bitte ich um Verzeihung, wenn ein und dasselbe Wort möglicherweise in verschiedenen Schreibweisen vorkommen sollte: Der Dialekt als gesprochene Sprache weist die gleichen Unregelmäßigkeiten auf wie die persönliche Handschrift. Nun: Ich habe auf den Apostroph möglichst verzichtet und oft auch einzelne Buchstaben gesetzt, wodurch sich das Schriftbild einer Lautschrift annähert („auf da r Ead“). Aber man kann es damit auch übertreiben: Mir erscheint z.B. das bei Teuschl vorkommende „xogt“ zu gesucht originell, weswegen ich „gsågt“ schreibe.

Was den Auslaut betrifft, beließ ich es zwar z.B. bei „Messer“ oder auch bei Eigennamen wie „Ägypter“, verwendete aber durchgehend „unta“ und „hinta“, ebenso „Wåssa“ und „Låga“ (u.a. weil die Wörter durch das å schon etwas Lautschriftliches hatten). Denn die Verwendung diakritischer Zeichen erscheint mir, auch wenn dadurch manche die Lesbarkeit beeinträchtigt sehen mögen, absolut unverzichtbar, sowohl des å („Guadn Dåg!“) als auch des nasalierten ã (das „u“ in der Transkription „leiwaund“ kann ich nicht wirklich nachvollziehen, ich bevorzuge „leiwãnd“). Zwar kann die Mundart in ihrer Musikalität nie zu hundert Prozent genau aufgezeichnet werden (genauso wenig wie dies die Notenschrift bei der Musik vermag), aber die Unterschiede zwischen offenen, geschlossenen und leicht nasalierten Vokalen sind meines Erachtens zu groß, um sie unter den Tisch fallen zu lassen, und jene Schauspieler, die vorgeben, Wienerisch zu sprechen und dabei doch nur Vokale foltern, sind mir ein abschreckendes Beispiel.

Als Grundlage meiner Übertragung benützte ich parallel die revidierte Lutherübersetzung von 1984 und die von Frank Crüsemann, Jürgen Ebach und anderen herausgegebene

„Bibel in gerechter Sprache“ (2006), suchte in einzelnen Fällen aber auch Rat in der Vulgata (Biblia sacra iuxta vulgatam versionem, 3. Aufl. 1985). Man mag gegen die Übersetzung des Gottesnamens JHWH mit „Scheff“ einwenden, dass mit „Scheff“ in Wien auch am Würstelstand jeder, der nicht gerade einen anderen Titel hat, angesprochen wird, aber ich befinde mich damit in bester Gesellschaft: Der 2004 verstorbene Kardinal Franz König, verwendete, wie ich aus vertrauenswürdiger Quelle erfuhr, „Scheff“ in eben der Weise, wie es im vorliegenden Werk der Fall ist.

Auf Mark Twain geht die schöne Sentenz zurück, die beschreibt, wie beglückend eine wirklich treffende Formulierung sein kann (und ich glaube, dass dies gerade eine der Qualitäten jedes authentischen Dialekts ist): „The difference between the almost right word and the right word is really a large matter — ’tis the difference between the lightning-bug and the lightning.“ Mögen dem geneigten Leser, der geneigten Leserin in diesem Buch zwischen Glühwürmchen auch ein paar Blitze unterkommen.

Roland Kadan

Inhalt

Wia da Scheff in Adam gmåcht håt und da Kain sein Bruada darschlågt

Genesis 2,4b–4,16

2 4 Es woa dåmois, wia da Heagod, da Scheff, die Wööd und
in Himme gmåcht håt. 5 Då håt s de gãnzn Staudn auf die
Fööda no ned gebm, und de gãnzn Kräudln auf die Fööda
woan no ned gwåchsn, weu da Scheff, da Heagod, håt s no
ned waschln låssn auf d Ead, und es håt kaane Leit gebm,
die ghacklt håbm ãm Fööd, 6 nua so a Wåssa is aus da r Ead
auffekumman und håt s gãnze Lãnd feicht gmåcht. 7 Då håt
da Heagod, da Scheff, aus da r Ead vum Åcker in Menschn
gmåcht und eam an Schnaufer zum Lebm in d Nåsn blåsn.
So is da Mensch wås Lewendichs wuan. 8 Und da Heagod, da
Scheff, håt an Goatn ãnpflãnzt in Eden, im Ostn, und håt n
Menschn, den wås a gmåcht håt, einegsetzt. 9 Und da Heagod,
da Scheff, håt aus da r Ead olle mäglichn Bam wåchsn låssn,
leiwãnd zan Ãnschaun und guad zum Hawern, und mittn im
Goatn in Lebnsbam und in Bam, wo s d gneißt, wås guad is
und wås a Linke is. 10 Und in Eden håt a Fluss ãngfãngt, der
in Goatn gwassert håt, und ea håt si då aufteut auf viere. 11 Da
easchde haaßt Pischon, dea fliasst um s gãnze Lãnd Hawila
umadum, und duatn findst Goid, 12 und s Goid in den Lãnd
is uandlich wås weat. Duatn findst aa Bedolach-Harz und in
Brülla Schoham. 13 Da zweite Strom haaßt Gihon, dea fliasst
um s gãnze Lãnd Kusch umadum. 14 Da dritte Strom haaßt

Tigris, dea fliaßt im Ostn vun Assyrien. Da vierte Strom is
da Euphrat. 15 Und da Heagod, da Scheff, håt n Menschn
gnumman und eam in Goatn Eden gsetzt, damid a duad
gartlt und auf ois schaut. 16 Und da Heagod, da Scheff, håt
mid n Menschn gredt und eam gschåfft: „Du deafst von olle
Bam im Goatn hawern, 17 åba du soist ned von den Bam
hawern, wo s d gneißt, wås guad is und wås a Linke is. Soboid
s d von dem hawerst, is no ãm sööbn Dåg vuabei mid dein
Lebm.“ 18 Und da Heagod, da Scheff, håt gsågt: „Dåss da
Mensch alã is, is ned klass; i wea eam a Hüüfe måchn, qui-
siquasi a Vis-a-vis.“ 19 Und da Heagod, da Scheff, håt aus da
r Ead olle Viecha ãm Lãnd gmåcht und olle Vägl ãm Himme
und håt s zum Menschn bråcht, dåss a schaut, wia r a s haaßt;
weu so wia da Mensch a jeds Viech haaßn däd, den Nãman
soitn s håbm. 20 Und da Mensch håt olle Viecha an Nãman
gebm, die Vägl ãm Himme und die Viecha ãm Lãnd. Åba fia
n Menschn håt si kaa Hüüfe gfundn, die wås wia r a Vis-a-vis
gwesn warat. 21 Då håt da Heagod, da Scheff, an tiafn Schlåf
auf n Menschn foin låssn, und ea is eĩbüüslt. Und ea håt aane
von seine Rippn aussegnumman und ois wieda mid Fleisch
zuagmåcht. 22 Und da Heagod, da Scheff, håt aus dera Rippn,
die er von dem Menschn aussagnumman håt, a Frau baut
und håt s zu eam bråcht. 23 Då håt da Mensch gsågt: „Des is
do Baa von mein Baa und Fleisch von mein Fleisch! De wean
‚es Mensch‘ zu ihr sågn, weu s vom Menschn gnumman is.
24 Wegn den wiad a Mã sein Vodan und sei Muatta valåssn
und ãn seina Frau pickn, und se wean aa Fleisch seĩ.“ 25 Und

se woan beide nåckert, da Mensch und sei Oide, und se håbm
si ned scheniiat.

3 1 Åba de Schlãngan woa ågwichsta ois wia r olle ãndarn
Viecha auf n Fööd, die da Heagod, da Scheff, gmåcht håt,
und se håt zu da Oidn gsågt: „Echt, heast, da Scheff hätt
gsågt: ‚Es diafts nix essn von de gãnzn Bam im Goatn?‘“ 2 Då
håt die Oide gsågt: „Wås auf de Bam im Goatn wåchst, kenn
ma essn; 3 åba wås ãm Bam in da Mittn vom Goatn wåchst,
då håt da Scheff gsågt: ‚Essts ned von den, riarts as ned ãn,
damid s ka Bangl reißts.‘“ 4 Då håt de Schlãngan zu da Oidn
gsågt: „Auf kaan Foi, es weads ka Bangl reißn. 5 Åba da Scheff
waaß aans: Soboid s von den essts, wean eich auf da Stöö
de Scheangla aufgengan, und es weads seĩ wia da Scheff und
wissn, wås guad is und wås a Linke is.“ 6 Då håt se de Oide
dåchd, dåss leiwãnd warat, von den Bam essn; dea Bam woa
schee zum Ãnschaun, und dåss a r an Viffzack aus dia måcht,
håt s aa graazt. Und se håt de Frucht gnumman und ghawert
und håt vun den aa ihrm Oidn gebm, dea bei ihr woa, und ea
håt ghawert. 7 Då san ihnan beidn de Scheangla aufgãngan
und se håbm ibanåsert, dåss nåckert san. Se håbm Bladln
von an Feignbam gnumman und si an Schuaz gmåcht.
8 Und sie håbm n Heagod, in Scheff, gheat, wia r a duach n
Goatn gãngan is, wia da Dåg scho nimma so haaß woa. Und da
Adam håt si mid seina Oidn unta de Bam im Goatn vasteckt,
damid eam da Heagod, da Scheff, ned siacht. 9 Und da
Heagod, da Scheff, håt nåch n Adam gruafn und gsågt: „Wo

bist n?“ [10] Und ea håt gsågt: „I håb di im Goatn gheat und håb
mi gfurchtn; weu i bin nåckert, wegn den håb i mi vasteckt.“
[11] Då håt dea gsågt: „Wea håt da des gsågt, dåss d nåckert
bist? Du håst åba ned von dem Bam gessn, wo i da gschåfft
håb, dåss d ned essn soist?“ [12] Da Adam håt gsågt: „De Oide,
de wås d ma ois Gspãnn gebm håst, håt ma von den Bam
gebm und i håb ghawert.“ [13] Då håt da Heagod, da Scheff, zu
da Oidn gsågt: „Warum håst des gmåcht?“ De Oide håt gsågt:
„De Schlãngan håt mi bedacklt, wegn den håb i ghawert.“
[14] Då håt da Heagod, da Scheff, zu da Schlãngan gsågt: „Weu
s d des gmåcht håst, soist varflucht seĩ, von olle Viecha und
Diere ãm Fööd kriagst du n Weisl. Du soist auf dein Bauch
kräun und deĩ Lebdåg lãng Ead fressn. [15] Und zwischn dia
und dera Oidn wiad s ollaweu Wickl gebm, zwischn deine
Gschråppn und ihre Gschråppn; de soin da ãm Schädl
dredn, und du wiast auf ihnare Feaschn losgengan.“ [16] Und
zu da Oidn håt a gsågt: „Des wiad a Tschoch fia di, wãnn s
d schwãnga wiast, des såg i da! Des wiad a Tschoch wean,
Gschråppn auf d Wööd bringan. Und du wiast auf dein Oidn
winnich seĩ, åba ea soi dei Scheff seĩ.“ [17] Und zum Mã håt a
gsågt: „Weu du gmåcht håst, wås dei Oide gsågt håt, und von
den Bam ghawert håst, bei dem i da gschåfft håb: ‚Von den
soist ned essn!‘, soi da r Åckabodn fia di varflucht seĩ. Dåss
d davon lebm kånnst, des wiad a r echte Håckn, dei Lebdåg
lãng. [18] Duanan und Distln soi a da wåchsn låssn und du soist
die Kräudln vom Fööd hawern. [19] Da Schwaaß soi da no owa-
rinnan, wãnn s d dei Brod hawerst, solãng bis aus dia Ead

wiad, d Ead, aus dea s d gnumman wuan bist. Weu du bist
Ead und Ead soist wean.“ 20 Und da Adam håt sei Oide Eva
ghaaßn; weu sie is die Muatta von olle wuan, de wås lebm.
21 Und da Heagod, da Scheff, håt in Adam und seina Oidn
Gwandln aus Föö gmåcht und håt s ihnan ãnzogn. 22 Und da
Heagod, da Scheff, håt gsågt: „Na servas, da Mensch is wuan
wia mia und waaß, wås guad is und wås a Linke is. Fööt gråd
no, dåss a sei Hãnd ausstreckt, si wås vum Lebnsbam åbe-
reißt und hawert und ewich lebt!“ 23 Då håt ihnan da Heagod,
da Scheff, in Weisl gebm aus n Goatn Eden und sie håbm auf
dem Åcker hackln miassn, von dem s gnumman wuan san.
24 Und ea håt s ausseghaut und håt im Ostn vum Goatn Eden
die Cherubim hĩgschtööt, mid an brennerten Schweat, wås
blitzt håt, ois Wåchta fia n Weg zum Lebnsbam.

4 1 Und da Adam håt gneißt, wia guad des is mid da Eva,
seina Oidn, und sie is schwãnga wuan; sie håt n Kain auf d
Wööd bråcht und gsågt: „I håb an Mã zsãmmbråcht, mid
n Scheff seina Hüüfe.“ 2 Dãnn håt s n Abel auf d Wööd
bråcht, sein Bruada. Da Abel is a Schäfer wuan, åba da Kain
a Bauer. 3 Nåch gãnz scheen ana Zeid is åba gscheng, dåss
da Kain aus den, wås ãm Fööd gwåchsn is, in Scheff a Opfer
gmåcht håt. 4 Und der Abel håt aa a Opfer gmåcht, von die
jingarn Viecha von seina Headn und von ihnara Fettn. Und
da Abel mid sein Opfer håt in Scheff taugt, 5 åba da Kain
mid sein Opfer håt eam ned taugt. Då håt da Kain an muads
Pick kriagt und håt ãngfressn ãm Bodn gschaut. 6 Då håt da

Scheff zum Kain gsågt: „Wås håst n so an Pick? Und wiaso
is da s Gsicht åbagfoin? 7 Is ned aso: Wãnn s d a Guada
bist, kãnn s d an ins Gsicht schaun. Åba wãnn s d ka Guada
bist, liagt vua deina Dia die Linke scho auf da Lauer und is
winnich auf di; åba du soist es Sågn håbm.“ 8 Då håt da Kain
zu sein Bruada Abel gsågt: „Gemma auf s Fööd!“ Und wia
s ãm Fööd woan, is gschengan, dåss da Kain aufreibt gegn
sein Bruada Abel und haut eam dod. 9 Då håt da Scheff zum
Kain gsågt: „Wo is n da Abel, dei Bruada?“ Ea håt gsågt:
„Wås waaß i? Bin i mein Bruadan sei Wåchta?“ 10 Åba ea håt
gsågt: „Wås håst gmåcht? Dein Bruadan sei Bluad måcht a
Gschraa, aus da Ead auffe bis zu mia. 11 Und jetza: Du soist
varflucht sein auf da r Ead, de wås ia Pappn aufgmåcht håt
und dein Bruadan sei Bluad gschlickt håt. 12 Wãnn s d ãm
Åcker hacklst, soi a da nix wåchsn låssn. Auf dera Wööd
soist ka Rua und ka Zhaus mea håbm.“ 13 Åba da Kain håt
zum Scheff gsågt: „Mei Schuid is so groß, des kãnn ma ned
guad seĩ låssn. 14 Åba schau: I muass mi iba d Heisa haun
und mi vua dia vasteckn, i soi auf dera Wööd ka Rua und ka
Zhaus mea håbm; dãnn kånn mi a jeda darschlågn, dea wås
mi findt.“ 15 Då håt da Scheff zu eam gsågt: „Nå dãnn: Wea n
Kain darschlågt, dem soi s siebm Moi haamzoit wean.“ Und
da Scheff håt m Kain a Markerl gmåcht, dåss eam ned a
jeda darschlågt, dea wås eam findt. 16 So is da Kain in Scheff
aus die Augn gãngan. Ea woa dãnn im Lãnd Nod daham, no
hinta Eden, gegn Ostn zua.

Turmbau zu Babel

Wia s in Babylon
an Duam baut håbm

Genesis 11,1–9

11[1] Es woa r aso, dåss die gãnze Wööd nua aa Språch und
die sööbe Mameluschn ghåbt håt. [2] Wia s nåch Ostn zogn
san, håbm s im Lãnd Schinan a Ebene gfundn, då san s
bliebm. [3] Und sie håbm gsågt, aana zum ãndern: „Gemma,
måch ma Ziagl und brenn ma s!“ Und die Ziagl håbm s
ois Staana gnumman und Pech ois Mörtl. [4] Und sie håbm
gsågt: „Gemma, bau ma uns a Stådt und an Duam, dea
wås bis zum Himme geht. So måch ma si an Nãman, sunst
wea ma auf da gãnzn Wööd vastraat.“ [5] Då håt si da Scheff
åbelåssn, dåss a si die Stådt und in Duam ãnschaut, wås die
Menschn baut håbm. [6] Und da Scheff håt gsågt: „Na guad,
se san aa Voik und håbm aa Språch – und jetza håbm s gråd
easchd ãngfãngan. Wuaschd, wås sa si eĩbüüdn, die wean
des ois dazahn. [7] Oisdann, låss ma uns åbe und bring ma
die Språch duachanãnd, dåss kaana mea gneißt, wås da r
ãndare redt.“ [8] So håt s da Scheff von duat iba d gãnze Wööd
vastraat und sie håbm aufgheat, die Stådt baun. [9] Wegn den
haaßt ma s aa mid n Nãmen Babel, Duachanãnd, weu duat
håt da Scheff die Språch von da gãnzn Wööd duachanãnd
bråcht, und von duat håt a s iba d gãnze Wööd vastraat.

Wia da Abraham fåst sein Buam åkraglt hätt

Genesis 22,1–19

22 1 Nåchdem des ois woa, håt si da Scheff mid n Abraham an
Häkl gmåcht und håt gsågt: „Abraham!“ Drauf ea: „Då bin i.“
2 Und ea håt gsågt: „Nimm dein Buam, in Isaak, den aanzign,
den s d echt mågst, geh ins Lãnd Morija, zaah eam auffe auf
an Beag, den wås i da zagn wea, und måch mid eam a Brãnd-
opfer.“ 3 Då is da Abraham gãnz in da Frua aufgstãndn, håt
sein Esel heagricht und håt seine zwaa Buaschn und n Isaak,
sein Buam, midgnumman. Ea håt Scheitln fia s Opfer gspäut
und is losgãngan, hĩ zu dem Plåtz, von dem da Heagod gredt
håt. 4 Ãm drittn Dåg håt da Abraham aufgschaut und håt die
Stöö von da Weitn gseng. 5 Då håt a zu seine Buaschn gsågt:
„Bleibt s es då mid n Esel, i und mei Bua woin då ummegehn,
und wãnn ma n Heagod in Servas gmåcht håbm, kumm ma
wieda zruck.“ 6 Da Abraham håt die Scheitln fia s Brãndopfer
n Isaak, sein Buam, zum Drågn gebm und ea håt s Feia und
s Messer in d Hãnd gnumman. So san de zwaa midanãnd
gãngan. 7 Då håt da Isaak zum Abraham, sein Vodan, gsågt:
„Mei Papsch!“ Dea håt gsågt: „Jå, i bin eh då, Bua.“ Håt ea
gsågt: „Schau, s Feia und die Scheitln san då, åba wo is des
Lampl fia s Opfer?“ 8 Da Abraham håt gsågt: „Da Heagod
wiad si scho a Lampl fia s Brãndopfer findn.“ So san de zwaa
midanãnd gãngan. 9 Und wia s zu da Stöö kumman san, von

dea da Heagod gredt håt, håt da Abraham an Altar baut und
die Scheitln auffetãn, dãnn håt a n Isaak, sein Buam, zsamm-
bundn und auf die Scheitln glegt, obm ãm Altar. 10 Dãnn håt
da Abraham sei Hãnd ausgstreckt und es Messer gnumman
und woit sein Buam åschlåchtn. 11 Då håt eam vom Himme
in Scheff sei Engel gruafn und gsågt: „Abraham! Abraham!“
Drauf ea: „Då bin i.“ 12 Dea håt gsågt: „Leg dei Hãnd ned ãn
den Buam und dua eam nix ãn; weu jetz waaß i, dåss d an
Reschbegd håst vuam Heagod und dåss d ma sogoa dein aan-
zign Buam gebm hättst.“ 13 Då håt da Abraham aufgschaut
und håt hinta si an Widder gseng, dea si mid die Heandln
im Gschstripp gfãngt håt. Då is da Abraham hĩgãngan, håt
den Widder gnumman und håt stått sein Buam mid eam
a Brãndopfer gmåcht. 14 Und da Abraham håt da Stöö den
Nãman gebm: Da Scheff siacht, und ma sågt no heitzudåg:
auf m Beag, wo da Scheff siacht. 15 Und vom Himme håt n
Abraham in Scheff sei Engel no amoi gruafn 16 und gsågt:
„Des håb i ma sööba gschwuan, sågt da Scheff: weu s des
gmåcht håst und ma dein aanzign Buam gebm hättst, 17 wüll
i di an båtzn Segn gebm und deine Nåchkumman so vüü
måchn wia die Stean ãm Himme und wia n Sãnd ãm Strãnd.
Und deine Nåchkumman soin die Städte von ihnare Feinde
ghean. 18 Und von dein Ståmm soin olle Leit auf da r Ead
an Segn kriagn, weu du auf des gheat håst, wås i gsågt håb.“
19 Dãnn is da Abraham zruck zu seine Buaschn, sie håbm si
aufgmåcht und san midanãnd nåch Beerscheba gãngan, und
da Abraham is duat bliebm.

Wia da Jakob hackln muass, damid a die Rahel kriagt

Genesis 29, 1–30

29 1 Då håt si da Jakob aufgmåcht und is in des Lãnd gãngan,
des im Ostn is. 2 Ea schautsi um und – glaubst as – da wår a
Brunnan ãm Fööd, und ea siacht an gãnzn Schippe Lampln,
drei Headn; weu bei dem Brunnan håbm s imma die Headn
saufn låssn. Und vuan Loch von dem Brunnan liagt a båtzn
Staa. 3 Und duatn håbm s ollaweu die Headn zsãmmtriebm,
håbm den Staa vum Brunnanloch auf d Seitn gwöözt und
de Lampln saufn låssn. Dãnn håbm s n Staa zruck auf des
Loch tãn, wo r a hĩgheat. 4 Und da Jakob sågt zu ihnan:
„Wo saad s n es hea, es Hawerer?“ De håbm gsågt: „Mia
san von Haran.“ 5 Sågt ea zu ihnan: „Kennts es aa n Laban,
in Nahor sein Buam?“ Håbm de gsågt: „Eh kloa, den kenna
ma.“ 6 Sågt ea: „Is eh ois leiwãnd mid eam?“ Sågn de drauf:
„Jå, ois paletti!“ Und schau, kummt då sei Madl, de Rahel,
mid de Lampln. 7 Sågt ea: „Es is jå no mittn ãm Dåg, es is
no goa ned die Zeid, dåss ma de Viecha haamtreibt. Låssts
de Lampln saufn und dãnn soin s a Papperl kriagn.“ 8 Sågn
de: „Des kenn ma east, waun olle Headn zsãmmtriebm san;
dãnn wööz ma n Staa auf d Seitn und låssn die Lampln
saufn.“ 9 Wia r a no mid ihnan redt, kummt de Rahel mid
ihrm Vodan seine Lampln, weu sie håt auf de aufpasst.
10 Wia åba da Jakob de Rahel gseng håt, s Madl vum Laban,

seina Muatta ihrn Bruada, und de Lampln vum Laban, seina
Muatta ihrn Bruada, is a hingãngan, håt n Staa vom Brun-
nanloch weggwöözt und håt de Lampln vum Laban, seina
Muatta ihrn Bruada, saufn låssn. 11 Und ea håt da Rahel a
Bussl gebm und laut greart 12 und håt ihr gsågt, dåss ea a
Vawãndta von ihrn Vodan is, da Rebekka ihr Bua. Då is sie
palisiert und håt s ihrn Vodan gsågt. 13 Wia r åba da Laban
heat vum Jakob, seina Schwesta ihr Bua, is a losgrennt, håt
eam druckt und a Bussl gebm und eam in sei Hittn mid-
gnumman. Und ea håt n Laban ois gschüüdat, wås si so
ågspüüt håt. 14 Då håt da Laban gsågt: „Echt woa, du bist aus
mein eiganan Fleisch und Bluat.“ Und wia r a aa Monat bei
eam gwesn is, 15 håt da Laban zum Jakob gsågt: „Du gheast
jå zua Mischpoche, åba soitast deswegn umasunst bei mia
hackln? Schüüda: Wås wüüst håbm?“ 16 Da Laban håt åba
zwaa Madln ghåbt: Die öötare woa die Lea, die jingare die
Rahel. 17 Åba da Lea ihre Augn håbm nix ghaaßn, während
die Rahel schee woa, s Gschau und s Gschtöö aa. 18 Und da
Jakob is auf die Rahel gstãndn und håt gsågt: „I wüü siebm
Joa fia de Rahel, dei jingares Madl, bei dia hackln.“ 19 Håt
da Laban gsågt: „Is bessa, i geb s dia ois an ãndan; bleib bei
mia.“ 20 So håt da Jakob wegn da Rahel siebm Joa ghacklt,
åba fia eam woa des wia r a boa Dåg, so is a gstãndn auf sie.
21 Und da Jakob håt zum Laban gsågt: „Jetza gib ma mei
Oide, weu es is soweid, dåss des wås wiad mid uns zwaa.“
22 Då håt da Laban olle Leit vun dem Kaff eĩglådn und håt
a Hochzeitsessn gmåcht. 23 Åba ãm Åbmd håt a de Lea, sei

Madl, gnumman und håt s zum Jakob bråcht; und ea is zu
ihr. 24 Und da Laban håt da Lea, sein Madl, die Silpa gebm,
die fia eam n Schani gmåcht håt. 25 Åba in da Frua, pfäu: då
woa s die Lea. Då håt da Jakob zum Laban gsågt: „Wiaso
håst du so a Linke draht? Håb i ned fia di ghacklt, damid i
de Rahel kriag? Wås soi dea Bschiss?“ 26 Da Laban håt drauf
gsågt: „Bei uns då måcht ma des net aso, dåss die Jingare
vua da Öötarn weggebm wiad. 27 Tua schee flittan mid dera,
dãnn kriagst die ãndare aa no, wenn s d no amoi siebm Joa
fia mi hacklst.“ 28 Des håt da Jakob gmåcht und håt die Flit-
tawochn ghoitn. Då håt da Laban eam de Rahel, sei Madl,
ois Oide gebm. 29 Und da Laban håt da Rahel, sein Madl,
die Bilha gebm, die fia eam n Schani gmåcht håt. 30 So is da
Jakob aa mid da Rahel in d Harpfn, und auf die Rahel is a
mea gstãndn ois wia auf de Lea; und ea håt no amoi siebm
Joa fia eam ghacklt.

Wia da Moses auf d Wööd kumman is

Exodus 1,1–3,22

1 1 So håbm dem Israel seine Buam ghaaßn, die mid n Jakob
nåch Ägypten kumman san, a jeda mid seine Leit: 2 Ruben,
Simeon, Levi, Juda, 3 Issachar, Sebulon, Benjamin, 4 Dan,
Naftali, Gad, Ascher. 5 Die woan olle vom Jakob hea, siebzg
Leit midanãnd. Åba da Josef woa scho vuahea in Ägypten.
6 Wia da Josef dãnn unta da r Ead woa und olle seine
Briada und olle, die wås dåmois woan, 7 is dem Israel seĩ
Mischpoche imma mea gwåchsn, sie san imma mea wuan
und woan so vüü, dåss des Lãnd voi woa mid ihnan. 8 Då
is in Ägypten a neicha Kenich aufkumman, dea ka Åhnung
ghåbt håt, wea da Josef gwesn is. 9 Dea håt zu seine Leit
gsågt: „Heast, es Voik Israel, de san mea und stärker ois
wie mia. 10 Oisdãnn, schau ma, dåss ma s gscheit åbetrågn,
damid s ned no mea wean. Weu wãnn s an Kriag gabert,
haun sa si goa mid unsare Feind auf a Packl, kämpfn gegn
uns und haun si dãnn gãnz iba d Heisa.“ 11 Då håbm s ihnan
so Schakln auf s Aug druckt, de soitn s mid ana Meadahåckn
quöön. Sie håbm dem Pharao Vuarråtsstädte baun miassn,
Pitom und Ramses. 12 Åba je mea s des Voik åbedruckt håbm,
umso mea is des gwåchsn und gräßa wuan. Und sie håbm si
vua Israel scho echd gfuachtn. 13 Då håbm die Ägypter die
Israelitn imma schiacha barabern låssn 14 und håbm ihnan s

Lebm schwar gmåcht mid dera Meadahåckn mid Lehm und
Ziagln und mid Barabern ãm Fööd aa no. Wia die Bleedn
håbm s fia die Ägypter robotn miassn. 15 Und den hebrä-
ischen Hebãmman – aane håt Schifa ghaaßn und de ãndare
Pua – håt da Kenich von Ägypten gschåfft: 16 „Wãnn s den
hebräischen Weibern hööfts, Kinda r auf d Wööd bringan,
und es sechts, dåss s a Bua is, dãnn drahts eam haam; wãnn
s a Madl is, låssts as lebm.“ 17 Åba die Hebãmman håbm auf
m Heagod ghoitn und håbm ned gmåcht, wås da Kenich
von Ägypten gsågt håt, sundern håbm aa de Buam ãm Lebm
glåssn. 18 Då håt si da Kenich von Ägypten die Hebãmman
kumman låssn und is s ãngãngan: „Warum måchts es des,
dåss de Buam lebm låssts?“ 19 Die Hebãmman håbm drauf
gsågt: „Die hebräischen Weiber san ned aso wia die ägyp-
tischen, de san stoak und gsund. No bevua a Hebãmm då
is, håbm die scho gwuafn.“ 20 Wegn den woa da Heagod
guad zu die Hebãmman. Und es Voik is gwåchsn und imma
stärker wuan. 21 Weu die Hebãmman ãn Reschbegd ghåbt
håbm vuam Scheff, håt a bei ihnan dahaam ois leiwãnd
gmåcht. 22 Då håt da Pharao sein gãnzn Voik gschåfft: „Olle
Buam, de wås auf d Wööd kumman, schmeißts in Nüü, die
Madln låssts olle lebm.“

2 1 A Mãnn aus m Levi seina Mischpoche håt a Madl aus
m Levi seina Mischpoche ois Frau gnumman. 2 Und sie is
schwãnger wuan und håt an Buam auf d Wööd bråcht, und
wia s gseng håt, dåss eam nix fööt, håt s eam drei Monat

lãng vasteckt. 3 Und wia s nimma gãngan is, dåss eam
haamlich bhoit, håt s aus Papyrus a Kistl gmåcht, håt Harz
und Pech auffegschmiat, in Bãmbaledsch einetãn und ins
Schüüf ãm Ufer vom Nüü glegt. 4 Åba sei Schwester is in da
Weitn gstãndn und håt gschaut, wås mid eam gschicht. 5 Då
is dem Pharao sei Madl kumman und woit bådn im Nüü,
und dawäu san die Gsööschåfterinnan ãm Ufer auf und åb
gãngan. Und wia s des Kistl im Schüüf gseng håt, håt s aane
von ihre Dienstmadln hĩgschickt, dåss s as hoit. 6 Und wia
s as aufmåcht, bumstanazl, woa r a Bua drin, und dea håt
blaazt. Då håt a ihr laadtãn und sie håt gsågt: „Des is aana
von die hebräischen Bãmbaledsch.“ 7 Sei Schwester håt zum
Pharao seina Dochda gsågt: „Soi i da r aane von die hebrä-
ischen Fraun hoin, die gråd Müüch håt, damid s as stüüt?“
8 Die, n Pharao sei Dochda, håt gsågt: „Jå, des måchst.“
Då is des Madl gãngan und håt dem Buam sei Mamsch
ghoit. 9 Då håt dem Pharao sei Dochda zu ihr gsågt: „Nimm
den Bãmbaledsch mid und stüü eam fia mi; du kriagst
ãnständig Gerschtl dafia.“ Die Frau håt in Buam gnumman
und gschtüüt. 10 Und wia da Bua gräßa woa, håt s eam zum
Pharao seina Dochda bråcht; so is a ihr Bua wuan, und sie
håt eam Moses ghaaßn, weu sa si dengt håt: „I håb eam aus
n Wåssa zogn.“ 11 Nåch a boa Joa, wia da Moses awåchsn
woa, is a aussegãngan zu seine Leit und håt gmerkt, wia s
barabern miassn. Då håt a gseng, wia r a Ägypter an Hebräer
darschlågn håt, aan von seine Leit. 12 Då håt a si umdraht,
in olle Richtungan, und wia r a gseng håt, dåss kana då is,

håt a r eam darschlågn und im Sãnd eĩgråbm. 13 Ãm näch-
sten Dåg, wia da Moses wieda ausse is und zwaa Hebräer an
Wickl ghåbt håbm midanãnd, håt da Moses zu dem gsågt,
dea den ãndern ãngãngan is: „Wås haust n dein Bruada?“
14 Dea håt gsågt: „Wea håt n di zum Wauwau, zum Richter
iba uns gmåcht? Wüüst mi aa haamdrahn, so wia s d den
Ägypter haamdraht håst?“ Då is n Moses da Reis gãngan
und ea håt si dengt: „Wia is n des aussekumman?“ 15 Und
es is bis zum Pharao weidatråtscht wuan, und dea woit n
Moses åkragln låssn. Åba vuam Pharao håt si da Moses iba
d Heisa ghaut und is bis nåch Midian, duat håt a si bei an
Brunnan hĩgsetzt. 16 Da Priester in Midian håt åba siebm
Madln ghåbt. De san kumman, dåss Wåssa schäpfn und die
Rinnan zum Drangln voi måchn, fia die Lampln von ihrm
Vodan. 17 Då san Hirtn daheakumman und håbm s aafoch
weggagschtessn. Da Moses is aufgstãndn und håt ihnan
ghoifn und ihre Lampln saufn låssn. 18 Wia s haamkumman
zum Reguël, ihrn Vodan, sågt dea: „Wås saads n heid scho
so fria wieda då?“ 19 Sågn sie: „A Ägypter håt uns ghoifn
gegn die Hirtn, ea håt sogoa Wåssa gschäpft und die Viecha
saufn låssn.“ 20 Drauf da Oide zu seine Madln: „Wo is a?
Wås håbts den Mãnn duat stengan låssn? Hoits eam, dåss
a mid uns hawert!“ 21 Då håt da Moses ned „Naa“ gsågt und
is bei dem Mãnn bliebm. Und dea håt eam sei Dochda Zip-
pora ois Frau gebm. 22 Die håt an Buam auf d Wööd bråcht
und ea håt eam Gerschom ghaaßn, weu ea håt si dengt:
„I bin a Tschusch, då im Auslãnd.“ 23 Gãnz lãng nåch dem

håt da Kenich von Ägypten a Bangl grissn; die Israelitn
håbm ollaweu no gschnauft vom vüün Barabern, sie håbm
plärrt, und des Plärrn iba die Baraberei is bis zum Scheff
kumman. 24 Und da Scheff håt ihr Plärrn gheat und håt ãn
des dengt, wås a si mid n Abraham, mid n Isaak und n Jakob
ausgmåcht håt. 25 Da Scheff håt si die Israelitn ãngschaut,
und sie woan eam ned wuaschd.

3 1 Moses woa da Hirte fia die Lampln vom Jitro, sein
Schwiegervodan, dem Priester von Midian, und ea håt
s umetriebm bis iba die Wüüste und is zum Heagod sein
Beag kumman, dem Horeb. 2 Und dem Scheff sei Engl håt
si eam zaagt, in ana Flãmman mittn in an Doanbusch.
Ea håt gschaut: Die Staudn håt brennt ois wia, åba is ned
weniger wuan. 3 Då håt a gsågt: „Då muass i hĩ und ma
ãnschaun, wås ma då Unglaubliches siacht. Wiaso vabrennt
die Staudn ned?“ 4 Wia da Scheff gneißt, dåss a hĩgeht zum
Schaun, håt eam da Heagod aus n Busch ausse gruafn:
„Moses! Moses!“ Drauf ea: „Jå, wås is?“ 5 Da Heagod håt
gsågt: „Ned no weida fire! Ziag da die Schlapfn aus, weu
da Plåtz, wo s d stehst, is a heulicha Bodn!“ 6 Und weida: „I
bin deim Vodan sei Heagod, da Heagod vom Abraham, da
Heagod vom Isaak und da Heagod vom Jakob.“ Da Moses
håt si wås iba die Augn zogn, weu n Heagod ãnschaun, des
hätt eam gschreckt. 7 Und da Scheff håt gsågt: „I håb gseng,
wia oag mei Voik in Ägypten beinãnd is, und i håb gheat,
wia s plärrn, weu s so karnieflt wean; i waaß, wia die ãm

Sãnd san. 8 I bin åbakumman, damid i s aus da Gwoit von die Ägypter befrei, damid i s aus dem Lãnd då aussebring in a guads und braads Lãnd, a Lãnd, wo s Müüch und Honich gibt ois wia, duatn, wo die Kanaaniter, Hetiter, Amoriter, Perisiter, Hiwiter und Jebusiter dahaam san. 9 Huach: Es is bis zu mia kumman, wia die Israelitn plärrn, und i håb gseng, wie oag s beinãnd san und wia die karnieflt wean. 10 Oisdãnn, kumm, i schick di zum Pharao, damid s d mei Voik, die Israelitn, aus Ägypten aussebringst." 11 Da Moses håt zum Heagod gsågt: „Wea bin i denn, dåss i aafoch so zum Pharao marschier und die Israelitn aus Ägypten aussebring?" 12 Ea håt gsågt: „Åba i hööf da do! Und aso kãnnst da sicher seĩ, dåss i di gschickt håb: Wãnn s d mei Voik aus Ägypten aussebrӑcht håst, weads es ma då auf m Beag opfern.'" 13 Da Moses håt zum Heagod gsågt: „Åba wãnn i zu die Israelitn kumm und ihnan såg: ‚Da Heagod von eichare Ahnln håt mi zu eich gschickt', wean s frågn: ‚Wia haaßt a denn?' Wås soi i ihnan dãnn sågn?" 14 Drauf da Heagod zum Moses: „I bin da Då-bin-i." Ea håt gsågt: „Des soist den Israelitn sågn: Da ‚I-bin-då' håt mi zu eich gschickt." 15 Und da Heagod håt weida zum Moses gredt: „Des soist den Israelitn sågn: ‚Da Scheff, da Heogod von eichare Öötan, dem Abraham sei Heagod, dem Isaak sei Heagod, dem Jakob sei Heagod, dea håt mi zu eich gschickt. Des is mei Nãman fia r imma und ewich; so soin mi olle haaßn, von Generation zu Generation.' 16 Geh, fãng da die Öötastn von Israel zsãmm und såg ihnan: ‚Da Scheff, da Heagod von eichare Öötan, is bei mia gwesn, dem Abraham sei Heagod, dem Isaak sei Heagod, dem Jakob sei Heagod, und ea håt gsågt: „Wås di mid eich in Ägypten auffian, des is ma ned wuaschd. [17] Wegn den håb i ma dengt: ‚ I wüü eich aus Ägypten, wo s nix ois wia barabern miassts, aussebringan in des Lãnd, wo die Kanaaniter, Hetiter, Amoriter, Perisiter, Hiwiter und Jebusiter dahaam san, in des Lãnd, wo s Müüch und Honich gibt ois wia.'" [18] Und die wean hean auf di. Dãnn soist mid die Öötastn von Israel zum Kenich von Ägypten einegehn und eam sågn: ‚Da Scheff, da Heagod von die Hebräer, is bei uns gwesn. Deswegn woi ma drei Dåg weid in die Wüüstn marschiern und dãnn in Scheff, unserm Heagod, opfern.' [19] Åba i waaß, dåss eich da Kenich von Ägypten ned geh låsst, aussa, ea wiad mid Watschn dazua bråcht. [20] I wea mei Hãnd ausstreckn und Ägypten fiachtalich åwatschn; des wiad ned zum Packn seĩ, wås i duat måch. Dãnn wiad a r eich geh låssn. [21] Und i schau drauf, dåss bei die Ägypter a muads Renommee håbm weads: Wãnns eich iba d Heisa hauts, weads ned ohne wås gengan. [22] A jede Frau soi si von da Nåchbarin und aana ausm sööbm Haus süübane und goidane Såchn und Gwãnd gebm låssn. Damid staffierts eichare Buam und Madln aus, so kriagst von die Ägypter wenigstens no wås."

Babaa, Pharao: Wia si die Israelitn iba d Heisa ghaut håbm

Exodus 7–14

7[1] Da Scheff håt zum Moses gesågt: „Huach, fian Pharao
håb i di quisiquasi zu an Heagod gmåcht, und da Aaron,
dei Bruada, soi dei Prophet seĩ. 2 Du soist ois sågn, wås i
da schåff, åba beim Pharao soi da Aaron, dei Bruada, redn,
damid die Israelitn si aus sein Lãnd schleichn diafn. 3 Åba
i wea im Pharao a Heaz aus Staa gebm und in Ägypten an
Schippe Wunda und Stickln auffian. 4 Und da Pharao wiad
auf eich pfeifn. Dãnn wiad Ägypten mei Hãnd gspiarn: I
wea mid a boa uandliche Watschn meine gãnzn Soidåtn,
mei Voik Israel, aus Ägypten aussebringan. 5 Und die
Ägypter soin ibanåsern, dåss i da Scheff bin, wãnn i mei
Hãnd iba Ägypten ausstreck und die Israelitn aussehoi
aus da Mittn von ihnan.“ 6 Da Moses und da Aaron håbm
gmåcht, wås ihnan da Scheff gschåfft håt. 7 Und wia s mid
n Pharao gredt håbm, woa da Moses ochtzg Joa oid und
da Aaron dreiadochtzg. 8 Und da Scheff håt zum Moses
und zum Aaron gsågt: 9 „Wãnn da Pharao zu eich sågt:
‚Måchts amoi a Wunda, wãnn i eich glaubn soi!‘, dãnn soist
zum Aaron sågn: ‚Nimm dein Steckn und schmeiß eam in
Pharao hin, damid a Schlãngan draus wiad!‘“ 10 Då san da
Moses und da Aaaron zum Pharao einegãngan und håbm
des gmåcht, wås da Scheff ihnan gschåfft håt. Da Aaron håt

in Pharao und seine Großkopfertn sein Steckn hĩgschmissn und es is a Schlãngan wuan. [11] Då håt da Pharao die Gneißer und Zauwerer hoin låssn, und die ägyptischn Zauwerer håbm des sööbe Stickl gmåcht: [12] A jeda håt sein Steckn ãm Bodn gschmissn und es is a Schlãngan wuan; åba dem Aaron seĩ Steckn håt die ãndern Steckn gfressn. [13] Åba im Pharao woa des wuaschd, weul a r a Heaz aus Staa ghåbt håt,wia s da Scheff scho vuahea gsågt håt. [14] Und da Scheff håt zum Moses gsågt: „Da Pharao håt a Heaz aus Staa; dea låsst die Leit ned geh. [15] Geh zum Pharao hĩ, muagn in da Frua. Ea wiad zum Wåssa åbageh; dãnn stöö di eam ãm Ufer vom Nüü in Weg, nimm den Steckn in d Hãnd, aus dem a Schlãngan wuan is, [16] und såg zu eam: ‚Da Scheff, da Heagod von die Hebräer, håt mi zu dia gschickt und låsst da sågn: Låss meine Leit geh, damid s ma in da Wüüstn a scheene Feia måchn. Åba dia is des aafoch wuaschd. [17] Desweng sågt da Scheff: Jetzt wiast gneißn, dåss i da Scheff bin. Heast, i hau jetz glei mid n Steckn, den i in da Hãnd håb, auf s Wåssa vom Nüü, dãnn wiad s Bluat. [18] Die Fisch im Fluss wean eĩgengan, da Nüü wiad fääun und die Leit wiad s so grausn, dåss des Wåssa nimma saufn wean.'“ [19] Und da Scheff håt zum Moses gsågt: „Såg in Aaron: ‚Nimm dein Steckn und streck dei Hãnd aus iba s Wåssa in Ägypten, iba an jedn Fluss und Kanäu, iba an jedn Teich und a jede Låckn: aus n Wåssa soi Bluat wean. Ibaroi in Ägypten soi Bluat seĩ, sogoa in Gschirrln aus Hoiz oda Staa.“ [20] Da Moses und da Aaron håbm gmåcht, wås ihnan da Scheff

gschåfft håt. Da Aaron håt den Steckn in die Häh ghobn
und vuam Pharao und seine Großkopfertn auf s Wåssa vom
Nüü droschn, und aus n gãnzn Wåssa is Bluat wuan. 21 Die
Fisch im Fluss san eĩgãngan und da Fluss håt so gfääut, dåss
des Wåssa aus n Nüü nimma zum Saufn woa; und ibaroi in
Ägypten woa Bluat. 22 Åba die gstudiertn ägyptischn Zau-
werer håbm des sööbe Stickl zsåmmbråcht. Deswegn håt da
Pharao a Heaz aus Staa kriagt und håt auf n Moses und in
Aaaron pfiffn, wia s da Scheff scho vuahea gsågt ghåbt håt.
23 Und da Pharao håt si umdraht und is haamgãngan; es
woa ihm aafoch wuaschd. 24 Und die Ägypter håbm neman
Nüü nåch Trinkwåssa gråbm, weu s Wåssa aus m Fluss
ned zum Saufn woa. 25 Und des håt siebm Dåg lãng dauert,
nåchdem da Scheff in Fluss gschlågn håt. 26 Då håt da Scheff
zum Moses gsågt: „Geh hĩ zum Pharao und såg eam: ‚So
sågt da Scheff: Låss meine Leit geh, damid s ma a scheene
Feia måchn. 27 Åba wãnn s d auf Bstemm schoitst, heast,
dãnn wea r i dei gãnzes Lãnd mid Fräsch karniefln. 28 Da
Nüü soi nua so wurln vua Fräsch, de wean weidakräun, in
dei Hittn kumman, in dei Schlåfzimma und in dei Harpfn,
aa bei deine Großkopfertn und bei dein Voik, bis in Ofn und
in die Schaffln zum Båckn. 29 Die Fräsch wean auf di sööba
auffekräun und auf dei Voik und deine Großkopfertn.“

8 1 Und da Scheff håt zum Moses gsågt: „Såg in Aaron: ‚Nimm
dein Steckn und streck dei Hãnd aus iba an jedn Fluss, an
jedn Kanäu und Teich in Ägypten und panier Ägypten mid

Fräsch.“ 2 Und da Aaron håt sei Hãnd ausgstreckt iba a jeds
Wåssa in Ägypten und es san Fräsch firekräut, bis ois zua-
deckt woa. 3 Då håbm die gstudiertn Zauwerer mid ihnare
Schmäh es sööbe gmåcht und håbm Ägypten mid Fräsch
paniert. 4 Då håt da Pharao in Moses und in Aaaron hoin
långsn und håt gsågt: „Hauts den Scheff fia mi ãn, dåss si di
Fräsch von mia und von meine Leit wieda schleichn. Dãnn
wüü i s Voik geh låssn, damid s d in Scheff opfern kännan.“
5 Drauf da Moses: „Dãnn såg ma bittschön, fia wãnn i n
Scheff wegn dia, deine Großkopfertn und deine Leit ãnhaun
soi, dåss si bei eich und in eichare Hittn die Fräsch schleichn
und nua wöchane im Nüü ibableibm.“ 6 Sågt ea: „Muagn.“
Drauf da Moses: „Guad, måch ma; dãnn wiast gneißn, dåss
sunst kaan gibt wia r in Scheff, unsern Heagod. 7 Die Fräsch
soin si von dia, aus deine Hittn, von deine Großkopfertn
und von deine Leit schleichn, nua im Nüü soin wöchane
ibableibm.“ 8 Da Moses und da Aaaron håbm in Pharao
babaa gsågt und da Moses håt n Scheff ãngsempert weng
die Fräsch, die wås a gschickt ghåbt håt. 9 Und da Scheff
håt gmåcht, wås da Moses woin håt, und die Fräsch san
eĩgãngan, in die Hittn in da Ståådt und ãm Lãnd und auf die
Fööda. 10 Und sie håbm s haufnweis zsåmmgschobm und
ibaroi håt s gfääut ois wia. 11 Wia da Pharao gschnoit håt,
dåss scho wieda bessa wiad, håt a wieda a Heaz aus Staa
kriagt und auf die beidn pfiffn, wia s da Scheff schon vuahea
gsågt ghåbt håt. 12 Und da Scheff håt zum Moses gsågt: „Såg
in Aaron: ‚Streck dein Steckn aus und drisch in Staub auf

da r Ead; in gãnz Ägypten wean draus Göösn wean.'" [13] Des håbm s gmåcht; da Aaron håt sei Hãnd mid n Steckn ausgstreckt und in Staub auf da r Ead droschn und dea is zu Göösn wuan, die iba Menschn und Viecha heagfoin san. Da gãnze Staub im Lãnd håt si in Göösn vawãndlt, ibaroi in Ägypten. [14] Die gstudiertn Zauwerer woitn es sööbe Stickl auffian, dåss Göösn måchn, åba sie håbm s ned zsãmmbråcht. Und die Göösn san auf die Menschn gsessn und auf die Viecha. [15] Då håbm die gstudiertn Zauwerer zum Pharao gsågt: „Des is n Heagod sei Finga!" Åba da Pharao håt a Heaz aus Staa kriagt und håt auf die beidn pfiffn, wia s da Scheff schon vuahea gsågt ghåbt håt. [16] Und da Scheff håt zum Moses gsågt: „Steh muagn gãnz zeidich auf und geh zum Pharao hĩ, wãnn a zum Wåssa åbageht, und såg eam: ‚So sågt da Scheff: Låss meine Leit geh, damid s ma a scheene Feia måchn. [17] Fois ned, wea r i auf di, deine Großkopfertn, deine Leit und dei Hittn Bremsn loslåssn, dåss di Hittn von die Ägypter und es Lãnd, wo s wohnan, voi von Bremsn seĩ wean. [18] Åba beim Lãnd Goschen, wo meine Leit jetz san, måch i a Extrawuaschd, dåss duatn kaane Bremsn san, damid s gneißt, dåss i da Scheff bin, mittn in eicharn Lãnd. [19] So måch i an Untaschied zwischn meine und deine Leit; und des is scho muagn, dåss s des Stickl spüüt." [20] Und da Scheff håt s aso gmåcht, und a Massa Bremsn is in dem Pharao sei Hittn und in die Hittn von seine Großkopfertn kumman und iba gãnz Ägypten, und die Bremsn håbm es gãnze Lãnd Ägypten quööt. [21] Då håt da Pharao in Moses

und in Aaaron ruafn låssn und håt gsågt: „Oisdãnn, ia
diafts eicharn Heagod dåda im Lãnd opfern.“ 22 Da Moses
håt gsågt: „Des geht ned, weu wãnn ma fia n Scheff, unsern
Heagod, opfern, kriagn die Ägypter die Goggerlfraasn.
Und wãnn die Ägypter die Goggerlfraasn kriagn, weu mia
opfern: wean uns die dãnn ned steinign? 23 Mia wean in
die Wüüstn haatschn, wie weid ma nåch drei Dåg kummt,
und in Scheff, unserm Heagod, opfern, wia r as uns gschåfft
håt.“ 24 Da Pharao håt gsågt: „Guad, i låss eich geh, opferts
in Scheff, eicham Heagod, in da Wüüstn. Åba gehts ned z
weid weg und betets fia mi.“ 25 Da Moses håt zu eam gsågt:
„Oisa, i geh jetz ausse und benz in Scheff ãn, dåss si die
Bremsn muagn vom Pharao, seine Großkopfertn und
seine Leit schleichn. Åba i såg da s: Vaoasch uns ned no
amoi, dåss die Leit do ned geh låsst, damid s d in Scheff
opfern.“ 26 Und da Moses is aussegãngan vom Pharao und
håt in Scheff ãnbenzt. 27 Und da Scheff håt gmåcht, wås da
Moses gsågt ghåbt håt; die Bremsn håbm si gschlichn, vom
Pharao, seine Großkopfertn und von seine Leit, ka aanzige
woa mea då. 28 Åba da Pharao håt wieda a Heaz aus Staa
kriagt und håt die Leit ned geh låssn.

9 1 Då håt da Scheff zum Moses gsågt: „Geh hĩ zum Pharao
und såg eam: So sågt da Scheff, da Heagod von die Hebräer:
Låss meine Leit geh, damid s ma a scheene Feia måchn.
2 Wãnn s d auf Bstemm schoitst, wãnn s d as imma no zruck-
hoitst, 3 heast, dãnn wiad in Scheff sei Hãnd iba die Viecha

auf die Fööda kumman, iba die Ross, Esln, Kamöö, iba die
Rindviecha und die Lampln, mid ana Pest, dåss d nua so
schaun wiast. 4 Åba da Scheff wiad an Untaschied måchn
zwischn die Viecha von die Israelitn und von die Ägypter;
von dem, wås die Israelitn gheat, soi kaans eĩgengan. 5 Und
da Scheff håt a Zeid festglegt: Des Gãnze wiad si muagn
åspüün.'" 6 Ãm nächstn Dåg håt da Scheff des frãnk gmåcht;
olle Viecha von die Ägypter san eĩgangan, åba von de, de
wås Israel gheat håbm, håt kaans a Bangl grissn. 7 Und
da Pharao håt nåchschaun låssn und, ka Schmäh: von die
Viecha von Israel is ka aanzigs eĩgangan gwesn. Åba da
Pharao håt a Heaz aus Staa kriagt und ea håt die Leit ned
geh låssn. 8 Då håt da Scheff zum Moses und zum Aaron
gsågt: „Nehmts eich mid beide Händ Ruass aus n Ofn,
und da Moses soi eam vuam Pharao in d Häh schmeißn.
9 Da Staub wiad si iba gãnz Ägypten vatäun. Menschn und
Viecha wean Gschwiarln kriagn, die aufbrechn tan, ibaroi
in Ägypten." 10 Und sie håbm Ruass aus n Ofn gnumman
und san zum Pharao hĩ, und da Moses håt n Ruass in
d Häh gschmissn. Då san bei die Leit und bei die Viecha
Gschwiarln aufbrochn. 11 Die gstudiertn Zauwerer håbm
gengan Moses ibahaupt auslåssn, weu die håbm genauso
Gschwiarln ghåbt wia olle ãndern Ägypter. 12 Åba da Scheff
håt im Pharao a Heaz aus Staa gebm und dea håt weida
auf sie pfiffn, wia s da Scheff scho vuahea zum Moses gsågt
ghåbt håt. 13 Då håt da Scheff zum Moses gsågt: „Kräu auf
in da Frua und geh hĩ zum Pharao und såg eam: ‚So sågt da

Scheff, da Heagod von die Hebräer: Låss meine Leit geh,
damid s ma a scheene Feia mâchn. [14] Sonst wiast du und
deine Großkopfertn und deine Leit ois Schiache im Gnack
sitzn håbm, damid s d as endlich gneißt: auf dera gãnzn
Wööd is kaana so wia r i. [15] Weu i hätt scho längst mei Hãnd
austreckn und di und deine Leit mid da Pest åwatschn
kennan, dãnn warast päule gãngan von dera Ead. [16] Åba i
håb di ãnglahnt låssn, weu s d gneißn soist, wia stoak i bin,
und weu s auf dera gãnzn Wööd mein Nãman weidasågn
soin. [17] Du büüdst da imma no eĩ, du kãnnst mid meine Leit
mâchn, wås d wüüst, und låsst as ned geh. [18] Huach: Muagn
um die Zeid wea r i an so an båtzn Hagl åbakumman låssn,
wia s ihn no ned gebm håt, seitdem wo s Ägypten gibt, bis
heit ned. [19] Und jetza schau, dåss d deine Viecha und wås
sunst auf die Fööda is, in Sichaheid bringst. Olle Menschn,
olle Viecha, de wås draussn san und ned unta a Dåch eine-
kumman, wean a Bangl reißn, wãnn s n Hagl auffekriagn.'"
[20] A boa von de Großkopfertn vom Pharao håbm in Scheff
sei Red ernst gnumman und håbm ihre Untaläufln und
Viecha in d Hittn einelåssn. [21] Die, denan wuaschd woa,
wås da Scheff gredt håt, håbm ihre Untaläufln und Viecha
draussn låssn ãm Fööd. [22] Då håt da Scheff zum Moses
gsågt: „Streck dei Hãnd zum Himme, dåss an Hagl gibt iba
gãnz Ägypten, iba Menschn und Viecha und ois, wås wâchst
auf die Fööda." [23] Då håt da Moses sein Steckn auffe zum
Himme gstreckt, und da Scheff håt s dunnan und hagln
låssn, und Feia is vom Himme gfoin. Da Scheff håt an Hagl

iba Ägypten foin låssn, 24 und dazwischn håt s blitzt, und da
Hagl woa so oag, wie s in gãnz Ägypten no kan gebm håt,
seitdem duatn Leit san. 25 Und da Hagl håt in gãnz Ägypten
ois darschlågn, wås auf die Fööda woa, Menschn, Viecha
und Kräudln, und håt aa die Bam auf die Fööda zabrochn.
26 Nua im Lãnd Goschen, wo de Israelitn woan, håt s kan
Hagl gebm. 27 Då håt da Pharao in Moses und in Aaaron
hoin låssn und håt ihnan gsågt: „I bin schuid, da Scheff
håt recht; i und meine Leit, mia san schuid. 28 Duad s n
Scheff ãnbenzn, dåss des a End håt mid n Dunna und mid
n Hagl, dãnn låss i eich geh und hoit eich nimma.“ 29 Da
Moses håt zu eam gsågt: „Wãnn i ausse bin bei da Stådt,
wea r i n Scheff ãnbenzn, mid die Händ ausanãnd. S wiad
a r End mid n Dunna seĩ und es wiad kan Hagl mea gebm,
damid s d as gneißt, dåss die Wööd in Scheff gheat. 30 Åba i
waaß: Då fööt no vüü, dåss du und deine Großkopfertn ãn
n Scheff, unsern Heagod, glaubts. 31 So san jetz Gerschtn
und Flachs hinich; die Gerschtn warat zum Earntn gwesn
und da Flachs håt scho bliat. 32 Åba da Waazn und da Dinkl
san ned hinich, de kumman späda drãn.“ 33 Da Moses is
ausse vom Pharao und ausse von da Stådt und håt seine
Händ ausgstreckt und in Scheff ãnbenzt. Da Dunna und
da Hagl håbm aufgheat und es is ka Regn mea gfoin auf
d Ead. 34 Åba wia da Pharao gseng håt, dåss da Reng, da
Dunna und da Hagl vuabei woan, håt a weidagmåcht mid
dera Oaschpartie und håt mid seine Großkopfertn weida
auf Stuaschädl gmåcht. 35 So håt da Pharao a Heaz aus Staa

kriagt und håt die Israelitn ned geh låssn, so wia s da Scheff
scho vuahea in Moses håt ausrichtn låssn.

10 1 Då håt da Scheff zum Moses gsågt: „Geh hĩ zum Pharao,
weu i håb im Pharao und seine Großkopfertn a Heaz aus
Staa gebm, damid i a boa Stickln zaagn kã 2 und damid s
du deine Bãmbaledsch und deine Enkerln schüüdast, wås
i mid die Ägypter aufgfiat håb, wås i fia Stickln gspüüt håb.
So weads es gneißn: Da Scheff bin i.“ 3 Nå, san da Moses und
da Aaron hĩ zum Pharao und håbm eam gsågt: „Des is die
Red vom Scheff, vom Heagod von die Hebräer: ‚Wia lãng
brauchst no, bis d zuagibst, dåss d åbissn håst? Låss meine
Leit geh, dåss ma a scheene Feia måchn! 4 Åba wãnns d ‚Naa‘
sågst und meine Leit ned geh låsst, dãnn wea r i muagn dei
Lãnd mid Heischreckn zuascheißn. 5 Des wean so vüü seĩ,
dåss nimma bis auf d Ead siachst. Und die soin ois fressn,
wås vom Hagl ibabliebm is, und aa de Bam ãm Fööd, de
wieda austreibm, soin s åkiefln. 6 De soin da dei Hittn foi
måchn und die Heisa von deine Großkopfertn und von olle
ãndern, wie s deine Öötan und denare Öötan no ned gseng
håbm, vum Ãnfãng hea bis ãm heitign Dåg.‘“ Sågt a, draht
si um und hautsi iba d Heisa. 7 Då håbm die Großkopfertn
vom Pharao zu eam gsågt: „Wia lãng soi dea Lutschga uns
no einereitn? Låss die Leit gengan, dåss in Scheff, ihrm
Heagod, schee feian. Schnoist as ned, dåss Ägypten im
Oasch is?“ 8 Då håbm s n Moses und in Aaron wieda zum
Pharao zruckghoit und dea håt gsågt: „Oisa guad, måchts

in Scheff, eicharm Heagod, a scheene Feia. Wea soi denn
ollas midkumman?“ 9 Da Moses håt gsågt: „Mia gengan
mid Jungan und Oidn, mid Buam und Madln, mid Lampln
und Rindviecha, weu ma jå in Scheff a scheene Feia måchn
woin.“ 10 Ea håt gsågt: „Na eh kloa, beim Fürscht Bãmschti!
I låss eich und eichare Bãmbaledsch sicha ned geh. Des
siecht do a jeda, dåss es a Linke drahn woits! 11 So spüüt s
des ned; nua die Männer diafn geh und n Scheff a scheene
Feia måchn. Des woa s do, wås es woin håbts!“ Und sie
håbm s ausseghaut bei da Dia. 12 Då håt da Scheff zum Moses
gsågt: „Streck dei Hand aus iba Ägypten; Heischreckn soin
iba s Lãnd heafoin und ois zsãmmfressn, wås wåchst, ois,
wås vom Hagl ibabliebm is.“ 13 Da Moses håt sein Steckn
iba Ägypten gstreckt und da Scheff håt an Ostwind kumman
låssn, dea håt in gãnzn Dåg und die gãnze Nåcht blåsn. Und
in da Frua håt da Ostwind die Heischreckn daheagwaht.
14 Und a Massa Heischrecken woa des, iba gãnz Ägypten,
des gãnze Lãnd woa foi von denan. So vüü håt s vuahea no
nie gebm und wiad s aa nimma gebm. 15 Weu die håbm d
Ead zuadeckt, dåss ois schwoaz woa. Die håbm ois gfressn,
wås im Lãnd gwåchsn is, auf die Bam a jede Frucht, de
wås no ibawoa vom Hagl. Im gãnzn Lãnd Ägypten is nix
Greans auf die Bam und auf die Fööda ibabliebm. 16 Då håt
da Pharao gschwind in Moses und in Aaron kumman låssn
und håt gsågt: „Wås i gmåcht håb, woa r a Linke gengan
Scheff, eicharn Heagod, und gegn eich. 17 Håbts aamoi no a
Eĩseng und benzt s n Scheff, eicharn Heagod, ãn, er soi ma

des aschpoarn: auf de Årt a Bangl reißn." [18] Und da Moses is ausse beim Pharao und håt eam ãnbenzt. [19] Då håt da Scheff in Wind ummedraht, dåss a von Westn hea blåsn håt. Dea håt die Heischreckn in d Häh ghobm und ins Schüüfmea ghaut; in gãnz Ägypten is kaa ãnziga ibabliebm. [20] Åba da Scheff håt im Pharao a Heaz aus Staa gebm und dea håt die Israelitn ned geh låssn. [21] Då håt da Scheff zum Moses gsågt: „Streck dei Hãnd zum Himme: Es soi in Ägypten so finsta wean, dåss da s greifn kãnnst." [22] Da Moses håt sei Hãnd ausgstreckt und drei Dåg lãng woa s in gãnz Ägypten oaschfinsta. [23] Drei Dåg lãng håt kaana die ãndern gseng, und kaana is weggãngan von duat, wo a gråd woa. Nua duat, wo die Israelitn gwohnt håbm, woa s höö. [24] Då håt da Pharao in Moses kumman låssn und håt gsågt: „Marschierts und feiert s schee fia n Scheff! Eichare Lampln und Ziagn bleibm då; åba eichare Bãmbaledsch kennts midnehman." [25] Da Moses håt gsågt: „Geh, wüüst du uns die Viecha spendiarn, die ma fia n Scheff, unserm Heagod, opfern woin? [26] Des is eh kloa, dåss unsare Headn midkumman, ka aanzigs Viech bleibt då. Weu von die Viecha wean die ausgsuacht, die ma in Scheff, unserm Heagod, opfern. Åba des wiss ma east, wãnn ma duat san, wöchane ma in Scheff opfern." [27] Åba da Scheff håt im Pharao a Heaz aus Staa gebm, und ea håt s ned geh låssn. [28] Und da Pharao håt zu eam gsågt: „Schleich di; i wüü dei Gfries nimma mea segn. Und wãnn i dei Gfries no amoi siech, dãnn bist hinich." [29] Drauf da Moses: „Nå von mia r aus; i kumm då nimma hea."

11 1 Und da Scheff håt zum Moses gsågt: „Aa Detschn soin da
Pharao und Ägypten no von mia kriagn, dãnn wiad a r eich
gengan låssn, naa, ea wiad eich sogoa n Weisl gebm. 2 Und
jetz såg olle deine Leit, sie soin si von die Nåchbårn süwane
und goidane Såchn gebm låssn.“ 3 Und die Leit håbm in
Ägypten a muads Renommee ghåbt, vom Scheff hea. Aa da
Moses woa r a Jass in Ägypten, bei die Großkopfertn und bei
die Leit. 4 Und da Moses håt gsågt: „Des is n Scheff sei Red:
‚Gegn Mittanåcht wea r i duach Ägypten gengan. 5 Dãnn
wean olle Easchdgeboranan a Bangl reißn, vom Buam vom
Pharao, dea n Oasch ãm Thron håt, bis zum Buam von da
Sklavin, die wås hinta die Moistaana hockt, aa olle Easchd-
geboranan von die Viecha. 6 In Ägypten wiad a Gseres
losgeh, dåss d a s ned packst, a Gseres, wia s a s vuahea no
ned gebm håt und aa nåcha nimma gebm wiad. 7 Åba gegn
Israel soi ned amoi a Schas glåssn wean, weda gegn an Men-
schn no gegn a Viech. So weads gneißn, dåss da Scheff ãn
Untaschied måcht zwischn Ägypten und Israel. 8 Dãnn wiad
s deine Großkopfertn ois åberaaman; die wean mi auf die
Knia ãnbenzn: Hau di do iba d Heisa, du und deine Leit,
olle midanãnd! Und mia wean si iba d Heisa haun.‘“ Da
Moses woa uandlich in Såft und is ausse vom Pharao. 9 Åba
da Scheff håt zum Moses gsågt: „Da Pharao wiad auf eich
pfeifn. Dãnn spüül i in Ägypten hoit no a boa so Stickln.“
10 Und da Moses und da Aaron håbm dem Pharao olle die
Stickln zaagt; åba da Scheff håt eam a Heaz aus Staa gebm
und desweng håt a die Israelitn ned geh låssn.

12 1 Da Scheff håt mid n Moses und mid n Aaron im Lãnd
Ägypten gredt: 2 „Dea Monat soi bei eich da r easchde
Monat seĩ, von då soits die ãndern weidazöön. 3 Sågts da
gãnzn Gemeinde Israel: ‚Ãm zehntn Dåg von dem Monat
soin si olle a Lampl aussuachn, a jeda Haushoit aans. 4 Åba
wãnn in ana Hittn zwenig Leit san fia r a Lampl, dãnn soin
sa si mid ihre Nåchbårn auf a Packl haun, bis s so vüü san,
dåss a gãnzes Lampl hawern. 5 Des Lampl muass gsund
seĩ, a Manderl, aa Joa oit. Ihr kennts as von die Lampln
oda von die Ziegn nehman. 6 Bis zum vierzehntn sperrts as
weg, dann soi s die Gemeinde Israel schlåchtn, wãnn die
Sun untageht. 7 Und mid sein Bluat soin s die Pfostn und
n Querboikn von dera Hittn ãnhiasln, wo s hawern tuan.
8 Des Fleisch soits in da sööbm Nåcht hawern, bråtn ãm
Feia und mid Mazzes und bittare Kräutln dazua. 9 Ihr soits
as ned roh hawern und aa ned kocht im Wåssa, sondern ãm
Feia bråtn, und zwoa ois: in Schädl, die Haxn und s Innare.
10 Bis ãm nächstn Dåg in da Frua deaf nix mea då seĩ. Wãnn
in da Frua no wås ibabliebm is, soits as vabrennan. 11 Und
beim Essn soits gschneizt und kampelt seĩ: an Girtl ums
Gwãnd, Bock auf die Fiass und an Steckn in da Hãnd. Ihr
soits hawern wia Leit, die si iba d Heisa haun. Es is n Scheff
sei Passa. 12 In da sööbm Nåcht wea r i durch Ägypten geh
und olle Easchdgeboranan im Lãnd åkragln, bei die Men-
schn und bei die Viecha. Olle die Gätta von die Ägypter wea
r i zoin låssn, i bin da Scheff. 13 Des Bluat ãn da Hittn, wo
s es saads, soi a Zeichn seĩ: Wo r i Bluat seh, geh i vuabei.

Die muads Watschn soi eich ned treffn, wãnn ich durch Ägypten geh und s åkragl. [14] Den Dåg soits ois Gedenkdåg håbm, den soits feian ois a Festl fia n Scheff, ihr und olle nåch eich, fia olle Zeidn. [15] Siebm Dåg lãng soits Mazzes hawern. Scho ãm easchdn Dåg muass da Sauerdaag aus eichare Hittn ausse. Wea in die siebm Dåg Brod mid Sauerdaag hawert, dea gheat weg, dea soi von Israel in Weisl kriagn. [16] Ãm easchdn und ãm siebmtn Dåg soits eich zsåmmsetzn fia r a heuliche Feia. In dea Zeid soits ibahaupt nix hackln, ihr diafts nua hearrichtn, wås zum Hawern brauchts. [17] Hoits eich ãn die Vuaschrift mid die Mazzes, weu genau ãn dem Dåg håb i eich in Massa aus Ägypten aussebråcht. Es soits den Dåg genau eĩhoitn, ihr und olle nåch eich, fia olle Zeidn. [18] Mazzes hawern soits auf d Nåcht, wãnn da vierzehnte Dåg ãnfãngt, bis zum aanazwanzigstn auf d Nåcht. [19] In die siebm Dåg deaf in eichara Hittn ka Sauerdaag seĩ. Wea Brod mid Sauerdaag hawert, dea håt ausgschissn, den måchts weg aus da Gemeinde Israel, wuaschd, ob a r a Hiesiga is oda ned. [20] Brod mid Sauerdaag deaf auf goa kan Foi gessn wean, nua Mazzes, wuaschd, wo s es dahaam saads. [21] Und da Moses håt die Israelitn, die des Sågn ghåbt håbm, kumman låssn und håt gsågt: „Gehts, suachts eich a Lampl fia r a jede Hittn und duads es fia s Passa schlåchtn. [22] Dãnn nehmts a Sträusserl Ysop, dauchts as in die Schoin mid Bluat und hiaselts damid den Querboikn und die Pfostn von da Dia ãn. Bis zum nächstn Dåg in da Frua diafts ned aussegeh. [23] Weu wãnn da Scheff

umanãndageht und die Ägypter schlågt, siacht a s Bluat ãn
da Dia. Dãnn wiad a bei dea Dia weidageh und ned alaubm,
dåss da grausliche Quiqui bei da Dia einekummt. 24 Des-
wegn duads die Vuaschrift eĩhoitn, ihr und olle nåch eich,
fia olle Zeidn. 25 Und wãnn s es in des Lãnd kummts, des
wås eich da Scheff gebm wiad, wia r a gsågt håt, dãnn feiats
des aa no. 26 Eichare Bãmbaledsch wean dãnn frågn: „Wås
håbts n då fia r a Feia?" 27 Dãnn sågts: „Des is des Passa-
Opfer fia n Scheff, weul a dåmois in Ägypten ãn die Israelitn
vuabei is, wia ra die Ägypter ågwatscht und unsare Hittn
aussegrissn håt. Då san olle Leit auf die Knia und håbm
bet." 28 Und die Israelitn san los und håbm des so gmåcht,
wia da Scheff in Moses und n Aaron gschåfft håt. 29 Und um
Mittanåcht håt da Scheff olle Easchdgeboranan in Ägypten
åkraglt, vom öötastn Buam vom Pharao, dea auf m Thron
ghockt is, bis zum Buam vom Häfnbruada, und olle easchd-
geboranan Viecha aa. 30 In dera Nåcht san da Pharao, seine
Großkopfertn und die ãndern Ägypter aufgwåcht und håbm
a muads Gseres gmåcht. In Ägypten håt s kaa Hittn gebm,
wo kaa Leich woa. 31 No in da Nåcht håt da Pharao in Moses
und in Aaron kumman låssn und håt gsågt: „Hauts eich
iba d Heisa, schleichts eich aus mein Lãnd, es zwa und die
Israelitn. Reißts å und feiats schee fia n Scheff, wia s gsågt
håbts. 32 Nehmts olle eichare Viecha mid, wia s woin håbts.
Schleichts eich und gebts ma no an Segn." 33 Aa die Leit san
ihnan im Gnack gsessn, dåss sa si boid schleichn, weu si
håbm gsågt: „Mia san olle im Oasch!" 34 Und des Voik håt

n Daag ois a frischa midzaaht; sie håbm die Schaffeln ins Gwãnd eĩgschlågn und auf die Schuita gnumman. [35] Die Israelitn håbm aa gmåcht, wås da Moses ihnan gschåfft håt, und san die Ägypter um süwane und goidane Såchn und um a Aansapanier ãngãngan. [36] Und s Voik håt vom Scheff hea in Ägypten a muads Renommee ghåbt, und die håbm ihnan ois gebm. So håbm s die Ägypter ågstiert. [37] Die Israelitn san von Ramses nåch Sukkot gãngan, sechshundertdausnd Leit, no ohne Fraun und Bãmbaledsch grechnt. [38] Vüle ãndare Leit san mid ihnan zogn, mid Lampln und mid Rindviecha, a Muadstrumm Haufn. [39] Und aus dem rohn Daag, den wås s midzaht håbm, håbm s Fladnbrote båchn, Mazzes, weu Sauerdaag håbm s jå kaan ghåbt. Sie san jå aus Ägypten ausseghaut wuan und håbm nimma zuawoatn oda an Proviant hearichtn kennan. [40] Es woan vierhundertdreißg Joa, dåss die Israelitn in Ägypten dahaam woan. [41] Wia die Zeid um woa, genau ãn den Dåg, håt si dem Scheff sei Hea aus Ägypten gschlichn. [42] Fia n Scheff woa des a Nåcht ohne Schlåfngengan, damid a s aus Ägypten aussebringt; wegn den soin die Israelitn in dera Nåcht aa aufbleibm, dåss Reschbegd fia n Scheff zaagn, sie und olle nåch ihnan. [43] Und da Scheff håt zum Moses und zum Aaron gsågt: „Des san die Vuaschriftn fia s Passa-Essn: kaa Zuagraasta deaf då midmåchn. [44] An Sklavn, den wås d kauft håst, muasst beschneidn, dãnn deaf a midhawern. [45] Åba wãnn a r a Zuagraasta oder a Saisonhackler is, deaf a nix von dem hawern. [46] Des Lampl soi in aana Hittn ghawert

wean, kaa Stickl von dem Fleisch deaf ausse aus n Haus, und
die Baana diafts eam ned brechn. 47 Die gãnze Gemeinde
Israel soi si drãn hoitn. 48 Wãnn a Zuagraasta bei eich wohnt
und beim Passa-Essn midmåchn wüü, miassn olle Männer
und Buam beschnittn wean. Dãnn kãnn a wia r a Hiesiga
bein Essn midmåchn. Åba Unbeschnittane diafn ned mid-
hawern. 49 Die sööbm Vuaschriftn soin fia Hiesige und fia
Zuagraaste göötn.“ 50 Und die Israelitn håbm s aso gmåcht,
wia s da Scheff im Moses und im Aaaron gschåfft håt. 51 No
ãm sööbm Dåg håt da Scheff die Israelitn aus Ägypten aus-
sebråcht, Partie fia Partie.

13 1 Und da Scheff håt mid n Moses gredt und håt gsågt: 2 „Ois,
wås in Israel ois Easchtes beim Schoß von da Muatta aus-
sekummt, soi mia ghean, bei Menschn und bei die Viecha.“
3 Då håt da Moses zum Voik gsågt: „Vagessts den Dåg jå ned,
wo s eich aus Ägypten gschlichn håbts, aus da Sklaverei. Da
Scheff mid sein muads Ärme håt eich då aussebråcht, då
diafts kaan Sauerdaag hawern. 4 Abib haaßt da Monat, wo s
eich gschlichn håbts. 5 Wãnn di jetza da Scheff ins Lãnd von
die Kanaaniter, Hetiter, Amoriter, Hiwiter und Jebusiter
bringt, wia r a s zuagsågt håt, a Lãnd, in dem s Müüch und
Honich gibt ois wia, dãnn soist jeds Joa in den Monat Passa
feian. 6 Siebm Dåg lãng soits Mazzes hawern, ãm siebmtn
Dåg is des Festl fia n Scheff. 7 Es soits Mazzes hawern, die
gãnze Wochn lãng, dåss ma niagends bei eich an Sauerdaag
oda a Brod mid Sauerdaag findt. 8 Ãn den Dåg soist deine

Buam sågn: des hoit ma wegn den, wås da Scheff gmåcht håt, wia ma r uns aus Ägypten gschlichn håbm. [9] Deswegn soist a Zeichn trågn, dåss d as ned vagisst, a Zeichn auf die Händ und zwischn die Augn, damid s d in Scheff sei Vuaschrift im Schädl håst, weu es woa da Scheff, dea r eich mid sein muads Ärme aus Ägypten aussebråcht håt. [10] Drum hoit die Vuaschrift Joa fia Joa eĩ, wãnn die Zeid is. [11] Wãnn di jetza da Scheff ins Lãnd von die Kanaaniter bringt, wia r a s zuagsågt håt, und du kriagst des Lãnd, [12] dãnn soist fia n Scheff ois auf d Seitn tuan, wås ois Easchtes beim Schoß von da Muatta aussekummt. Bei die Viecha gheat imma des öötaste Manderl in Scheff. [13] Stått da Easchdgebuat von an Esl kãnnst a Lampl nehman; åba wãnn s d as ned austauschn wüüst, brich eam s Gnack. Bei die Menschn soi s fia olle Easchdgeboranan an Asåtz gebm. [14] Und wãnn di heit oda muagn dei Bua frågt: „Wås soi des ois?", dãnn såg eam: „Da Scheff mid sein meada Ärme håt uns aus Ägypten aus da Sklaverei aussebråcht." [15] Weu wia da Pharao stuaschädlert woa und uns ned håt geh låssn, då håt da Scheff olle Easchdgeboranan åkraglt, die Easchdgebuat bei die Menschn und bei die Viecha. Wegn den kriagt da Scheff ois Opfer olle Manderl, die wås ois Easchte beim Schoß von da Muatta aussekumman, åba fia die öötastn Buam gibt s Viecha ois Asåtz. [16] Deswegn soist a Zeichn trågn, dåss d as ned vagisst, a Zeichn auf die Händ und zwischn die Augn, weu es woa da Scheff, dea r uns mid sein meada Ärme aus Ägypten aussebråcht håt." [17] Wia da Pharao es Voik endlich

geh låssn håt, håt s da Scheff ned ãm kiazastn Weg gfiat,
duach s Lãnd von die Philister. Ea håt si dengt: „Kãnn seĩ,
dåss då an Kööch gibt, und dãnn ibalegn s a si s womäglich
und drahn um, zruck nåch Ägypten.“ 18 Wegn den håt a die
Leit an Umweg måchn låssn und håt s duach die Wüüstn
zum Schüüfmea gfiat. Und sie håbm si iba d Heisa ghaut,
babaa Ägypten, gãnz ohne an Palawatsch. 19 Und da Moses
håt die Baana vom Joseph midgnumman; weu dea håt
dåmois da Mischpoche des Vasprechn ågnumman: „Da
Scheff wiad eich ned vakumman låssn; dãnn nehmts meine
Baana nåch Zhaus mid.“ 20 Von Sukkot san s nåch Etam
ghaatscht; sie håbm die Zööte aufgschlågn, wo die Wüüstn
ãnfãngt. 21 Und da Scheff is vua ihnan hea, ãm Dåg in aana
Woiknsäun, damid a r ihnan den richtign Weg zaagt, und
bei da Nåcht in aana Feiasäun, dåss a s höö håbm. So håbm
s Dåg und Nåcht haatschn kennan. 22 Die Woiknsäun håt si
bei Dåg nie gschlichn, bei Nåcht is die Feiasäun imma bei
die Leit bliebm.

14 1 Und da Scheff håt mid n Moses gredt und gsågt:
2 „Heast, såg den Israelitn, sie soin umdrahn und die Zööte
bei Pi-Hahirot aufschlågn, zwischn Migdol und n Mea, vis-
a-vis von Baal-Zefon, glei beim Strãnd. 3 Da Pharao wiad
si dengn: ‚Die Israelitn håbm si vairrt; die Wüüstn håt s
gschluckt.‘ 4 Und i wea eam a Heaz aus Staa gebm, dåss
a r ihnan nåchjågt. Dãnn wüll i in Pharao und seine Soi-
dåtn spian låssn, wås die fia Wiaschdln san gegn mi, und

die Ägypter soin gneißn, dåss i da Scheff bin.“ Und die Leit
håbm s aso gmåcht. 5 Wie dem Kenich von Ägypten gmödt
wuan is, dåss si s Voik Israel iba d Heisa ghaut håt, håbm sa
si des auf da Stöö änders ibalegt, ea und seine Großkopfertn.
Sie håbm gsågt: „Wås håbm ma då fia an Bledsinn gmåcht,
dåss ma Israel geh låssn? Die barabern do fia uns!“ 6 Da
Pharao håt sein Wågn ãnspãnnan låssn und håt seine Leit
midgnumman, 7 sechshundert Elitesoidåtn und an Oaschfoi
Wågn aus gãnz Ägypten, a jeda mid drei Mãnn drauf. 8 Und
da Scheff håt m Pharao, in Kenich von Ägypten, a Heaz aus
Staa gebm, dåss a den Israelitn nåchgjågt is. Die håbm si
gschlichn mid da Gråfd von sein meada Ärme. 9 Und die
Ägypter san ihnan nåchgjågt mid ihre Ross, mid die Wågn
und die Soidåtn und mid n gãnz Hea vom Pharao und håbm
s bei Pi-Hahirot vor Baal-Zefon eĩghoit, wo s die Zööte ghåbt
håbm. 10 Und wia da Pharao näher kumman is, håbm die
Israelitn aufgschaut; pfäu, die Ägypter san ihnan im Gnack
gsessn. Då is ihnan muadsmäßig da Reis gãngan und sie
håbm zum Scheff „Hüüfe!“ gschrien. 11 Sie håbm zum Moses
gsågt: „Hätt ma ned in Ägypten a Gråb ghåbt? Håst du uns
daheazahn miassn, dåss ma in da Wüüstn a Bangl reißn?
Wieso håst du uns des ãntãn, dåss d uns aus Ägypten aus-
sefiast? 12 Håbm ma da ned schon dåmois in Ägypten gsågt:
‚Låss uns ãnglahnt, mia woin då barabern.‘? Fia die Ägypter
barabern warad besser ois wia in da Wüüstn die Bådschn
streckn.“ 13 Moses håt zumVoik gsågt: „Scheißts eich ned
ãn! Des wiad scho! Schauts eich des ãn, wia da Scheff eich

heite rettn wiad. Weu wås ihr heite mid die Ägypter sechts,
so wås weads nie wieda segn. [14] Da Scheff wiad fia r eich
kämpfn, es saads staad.“ [15] Und da Scheff håt zum Moses
gsågt: „Wås schreist n aso um Hüüfe? Såg deine Leit, dåss
losgengan soin. [16] Und du heb den Steckn in d Häh, streck
dei Hãnd iba s Mea und teu s Wåssa, dåss die Israelitn duach
s Mea gengan ois a drockana. [17] I wea den Ägyptern a Heaz
aus Staa gebm, dåss hinta eich hea woin. I wüü in Pharao
und sei Armee, seine Wågn und Soidåtn spian låssn, wås s
fia Wiaschdln san gegn mi. [18] Und die Ägypter soin gneißn,
dåss i da Scheff bin, weul i wea ihnan zagn, wås i mid n
Pharao, seine Soidåtn und Wågn ãnstön kãnn.“ [19] Dem
Heagod sei Engel, dea sunst vua da Kolonne gãngan is, is
duat weg und håt si hinta sie gschtööt; aa die Woiknsäun
is von vuan nåch hintn, [20] zwischn die ägyptischn Soidåtn
und die Kolonnen von die Israelitn. Die Woikn woa finster,
håt åba die Nåcht höö gmåcht, und so san si beide Heere
in da Nåcht ned näher kumman. [21] Wia dãnn da Moses sei
Hãnd iba s Mea gstreckt håt, håt da Scheff an stoakn Ost-
wind kumman låssn, dea håt die gãnze Nåcht blåsn und s
Wåssa zrucktriebm; die Wöön san ausanãnda und ma håt n
Grund gseng. [22] Und die Israelitn san mittn eine ins Mea ins
Drockane, und des Wåssa woa wia r a Wãnd, auf da linkn
und da rechtn Seitn. [23] Die Ägypter san hinta ihnan hea, dem
Pharao seine Ross, die Wågn und die Soidåtn, olle mittn
eine ins Mea. [24] Wia s scho Dåg wuan is, håt da Scheff aus da
Feiasäun und da Woikn auf die ägyptischn Soidåtn gschaut,

dåss kaana mea gwusst håt, wia r a haaßt. 25 Ea håt bei die
Wågn die Radln ghoitn, dåss nimma weidakumman san.
Då håbm die Ägypter gsågt: „Schau ma, dåss ma den Isra-
elitn auskumman; da Scheff kämpft fia die gegn Ägypten.“
26 Da Scheff håt zum Moses gsågt: „Streck dei Hãnd iba s
Mea, damid s Wåssa zruckkummt und iba die Ägypter
heafoit, iba die Wågn und Soidåtn.“ 27 Då håt da Moses sei
Hãnd iba s Mea gstreckt und es Wåssa is zruckkumman,
gråd wia s Dåg wuan is; die Ägypter san direkt drauf zua.
So håt s da Scheff ins Mea einetriebm. 28 Es Wåssa is zruck-
kumman und is iba die Wågn und die Soidåtn, iba s gãnze
Hea vom Pharao, des wås hinta m Voik Israel hea gwesn is,
eine ins Mea. Ka Aanziger is mid n Lebm davonkumman.
29 Åba die Israelitn san mid drockane Fiass mittn duach s
Mea gãngan, und des Wåssa woa wia r a Wãnd, auf da linkn
und da rechtn Seitn. 30 So håt da Scheff ãn den Dåg Israel
aussegrissn aus da Hãnd von die Ägypter, und sie håbm die
Ägypter dod ãm Strãnd liegn gseng. 31 Då håbm die Israelitn
gneißt, mid wås fia ana Muadsgwoit da Scheff die Ägypter
niedagmåcht håt. Des Voik håt an Reschbegd ghåbt vuam
Scheff, und sie håbm ãn den Scheff und ãn den Moses, sein
Schani, glaubt.

Statue des Moses am Franziskanerplatz in 1010 Wien

Wia da Moses in Såft gãngan is

Exodus 32

32 1 Wia r åba die Leit gseng håbm: Kaa Spua vom Moses,
dea kummt ned zruck vum Beag, håbm sa si mid n Aaron
auf a Packl ghaut und gsågt: „Heast, mạch uns an Heagod,
dea vua uns daheamaschiat! Weu mia wissen frãnk ned,
wås mid den Herrn Moses gscheng is, dea wås uns aus
Ägypten aussebrạcht håt.“ 2 Da Aaron håt zu ihnan gsågt:
„Reißts de goidanan Flinserln von de Uawaschln åbe, bei
eichara Oidn, bei de Buam und bei de Madln und bringts
as ma!“ 3 Då håbm si olle Leit die goidanan Flinserln von
de Uawaschln åbegrissn und håbm s zum Aaron brạcht.
4 Und ea håt s ihnan aus die Händ gnumman und s Goid
in a Fuam brạcht, a gossanes Käuwe. Und se håbm gsågt:
„Israel, des is dei Heagod, dea wås di aus Ägypten gfiat håt!“
5 Wie da Aaron des gseng håt, håt a davua an Altar baut
und håt groß de Möödung gschobm: „Muagn is n Scheff
sei Fest!“ 6 Und se san gãnz in da Frua aufkräut, håbm
Brãndopfer gmạcht und Opfer ois a Dãngschee aa. Dãnn
håbm se die Leit hĩgsetzt, håbm ghawert und biberlt, und
dãnn san s budern gãngan. 7 Da Scheff håt åba zum Moses
gsågt: „Kumm, kräu åbe: weu deine Leit, de wås d aus
Ägypten aussebrạcht håst, håbm wås echt Oages zsåmm-
draht. 8 De håbm gaach auf des pfiffn, wås i ihnan gschåfft
håb. De håbm si a gossanes Käuwe gmạcht, håbm si davua

hĩgschmissn und eam Opfer bråcht und gsågt: ‚Israel, des
is dei Heagod, dea wås di aus Ägypten gfiat håt!‘“ 9 Und da
Scheff håt zum Moses gsågt: „Es is kloa, wia stuaschädlert
de san. 10 Jetz låss mi mid mein Pick auf die då einefoan
und s niedamåchn; dafia wüll i di zu an großn Voik måchn.“
11 Åba da Moses håt n Scheff, sein Heagod, ãnbenzt und
gsågt: „Kumm, Scheff, wiaso wüüst mid dein Gizi auf des
Voik losgengan, des du mid deiner Gråfd und dein stoakn
Ärme aus Ägypten aussebråcht håst? 12 Wegn wås soin de
Ägypter sågn: ‚Ea håt s aussebråcht, und zwoa in de Rue
de Gack, weul a s in die Beag umbringan und komplett nia-
damåchn wüü‘? Vagiss dein Gizi und dein Grant, und ibaleg
da des mid die Zores, die s d ihnan måchn wüüst! 13 Denk do
ãn deine Untaläufln Abraham, Isaak und Israel. Denan håst
do hoch und heulich vasprochn: Eichare Bãmbaledsch soin
so vüü wean wia die Stean ãm Himme, und des gãnze Lãnd,
wås i eich vasprochn håb, wüll i eichara Mischpoche gebm,
und es soi ihnan fia imma ghean.“ 14 Då håt si da Scheff
des mid de Zores, die wås a sein Voik måchn woitat, wieda
ibalegt. 15 Da Moses håt si umdraht und is åba vom Beag,
mid de zwaa Gesetzeståfln in seina Hãnd; de woan vuan
und hintn beschriebn. 16 De håt da Scheff sööba gmåcht
und aa sööba die Schrift eĩgråbm. 17 Wie da Josua dãnn de
Leit plärrn gheat håt, håt a zum Moses gsågt: „Im Låga is a
Kriagsgschraa.“ 18 Håt dea gsågt: „Des is kaa Gschraa, wia
wãnn s gwunna håbm, und des is kaa Gschraa, wia wãnn
s valuan håbm, i hea Gschraa wia bein Tãnzn.“ 19 Åba wia

da Moses zum Låga hinkumman is und des Käuwe und des
Tãnzn gseng håt, håt a an muadstrumm Gizi kriagt und
håt de Tåfln dauni ghaut, dåss hinich woan, untn ãm Beag,
20 und es Käuwe, des wås gmåcht håbm, håt a r im Feia
eĩschmöözn låssn. Er håt s zamerschert, bis s Puiva woa, håt
s auf s Wåssa gschtraat und den Israelitn zan Saufn gebm.
21 Und ea håt zum Aaron gsågt: „Wås håbm de Leit mid
dia gmåcht, dåss d a s zu so aana Linkn bråcht håst?“ 22 Da
Aaron håt gsågt: „Scheff, låss nåch mid n Gizi. Du waaßt,
dåss de Leit Gfrasta san. 23 De håbm zu mia gsågt: ‚Måch
uns an Heagod, dea vua uns daheamaschiat! Weu mia
wissen frãnk ned, wås mid den Herrn Moses gscheng is, dea
wås uns aus Ägypten aussebråcht håt.‘ 24 I håb ihnan gsågt:
‚Wea r a Goid håt, dea soi s åbereißn und mia gebm.‘ Und i
håb s ins Feia gschmissn, aus den is des Käuwe.“ 25 Wie da
Moses jetza gseng håt, dåss de Leit kan Genierer mea ghåbt
håbm – wengan Aaron håbm s kan Genierer mea ghåbt
und desweng håbm si de, mid denan s Wickel ghåbt håbm,
de Goschn zrissn –, 26 is a beim Låga ins Dial eine und håt
plärrt: „Kräults hea då, wea zum Scheff seina Partie gheat!“
Då håbm si bei eam olle Buam vom Levi hingschtööt. 27 Und
ea håt zu ihnan gsågt: „Da Scheff, da Heagod vun Israel, sågt
aso: ‚A jeda soi si s Schwert umhängan, durch s Låga von
aan Doa zum ãndan hin und hea gengan und sein Bruada,
sein Hawerer und sein Nåchboan darschlågn.‘“ 28 De Buam
vom Levi håbm s aso gmåcht, wia s da Moses gsågt håt; und
ãn den Dåg håbm dreidausnd Männer aus n Voik a Bangl

grissn. 29 Då håt da Moses gsågt: „Heite saads in Dienst als
Priesta fia n Scheff eĩgschtööt wuan, weu a jeda is gegn sein
Buam und sein Bruada gwesn, und deswegn wiad fia eich
ois leiwãnd wean.“ 30 Åm nächstn Dåg håt da Moses mid de
Leit gredt: „Ihr håbts echt a Linke draht; jetza wea r i zum
Scheff auffekräuln, ob i eam dazua bring, dåss a s guad sei
låsst mid eichara Linkn.“ 31 Wie da Moses wieda zum Scheff
kumman is, håt a gsågt: „Pfäu, de Leit håbm echt a Linke
draht, de håbm si an Heagod aus Goid gmåcht. 32 Håb do a
Eĩsegn mid ihnan; åba wãnn s d ned wüüst, dãnn streich mi
aa aus dein Biachl, des wås d gschriebm håst.“ 33 Da Scheff
håt zum Moses gsågt: „I wüü den aus mein Biachl streichn,
dea wås ma deppert kummt. 34 Jetza geh und bring de
Leit duathin, wo i da gsågt håb. Schau, mei Engl wiad da
vuarausgehn. I wea ihnan åba ihre Linke haamzoin, wãnn
s soweid is.“ 35 Da Scheff håt s Voik gschlågn, weu s des
Käuwe ghåbt håt, des da Aaron gmåcht håt.

Wia s de Mauern von Jericho umblåsn håt

Josua 6

6 1 Åba Jericho woa varrammet und zua fia die Israelitn: då
is kaana aussekumman und kaana eine. 2 Då håt da Scheff
zum Josua gsågt: „Heast, i håb da Jericho in d Hãnd gebm,
und in Kenich und de Soidåtn aa. 3 Låss de Soidåtn um d
Stådt gengan, aamoi, und des måchst sechs Dåg lãng. 4 Und
vuam Laadl soin siebm Priesta siebm Posaunan trågn, und
ãm siebmtn Dåg soits siebm Moi um d Stådt umadum-
kräun, und die Priester soin in de Posaunan eineblåsn.
5 Und wãnn de Posaunan blåsn wiad und ma des lãng
heat, dãnn soin de Soidåtn a båtzn Kriagsgschraa måchn,
wãnn s es de Posaunan heats. Dãnn wiad de Stådtmaua
eĩschtiazn, und de Soidåtn soin auffekräun, jeda aanzelne,
ohne Schreamsn. 6 Da Josua, in Nun sei Bua, håt drauf die
Priester gruafn und zu ihnan gsågt: „Bringts es Bundes-
laadl, und siebm Priester soin siebm Posaunen trågn, vuam
Laadl.“ 7 Zu de Leit åba håt a gsågt: „Gemma, ziagts um de
Stådt; und de Soidåtn soin vuam Laadl vum Scheff gengan.“
8 Wia da Josua des bei die Leit gschüüdat håt, håbm siebm
Priester siebm Posaunan vuam Laadl daheatrågn, sie san
gãngan und håbm blåsn, und in Scheff sei Laadl is hinta
ihnan hea. 9 Und de Soidåtn san vua de Priester hea, und se
håbm in die Posaunan blåsn, und de restliche Partie is hinta

n Laadl gãngan, und se håbm in ana Tua in die Posaunan
blåsn. [10] Åba da Josua håt denan Soidåtn ãngschåfft: „Es
soits kaa Kriagsgschraa måchn und gãnz staad sei. Kaa aan-
zigs Wuat wüll i von eich hean, bis i såg: ‚Måchts a Kriags-
gschraa!‘ Dãnn soits mid n Kriagsgschraa ãnfãngan.“ [11] Då
san s mid n Laadl vum Scheff um de Stådt umadumkräut,
aamoi, und se san zruck ins Låga kumman und duat iba
Nåcht bliebm. [12] Und gãnz in da Frua is da Josua aufkräut,
und de Priester håbm n Scheff sei Laadl trågn. [13] Und es
woan siebm Priester, de håbm siebm Posaunan vuam
Laadl vum Scheff daheatrågn und håbm in ana Tua in de
Posaunan blåsn; und vua ihnan san de Soidåtn gãngan, und
de restliche Partie is hinta n Laadl vum Scheff gãngan, und
se håbm in ana Tua in die Posaunan blåsn. [14] Ãm zweitn
Dåg san s aa amoi um d Stådt umadumkräut und ins Låga
zruckkumman. So håbm s des sechs Dåg gmåcht. [15] Åba ãm
siebmtn Dåg san s gãnz in da Frua aufkräut, wia de Sun
no ned aufgãngan woa, und san gråd aso siebm Moi um d
Stådt umadumkräut; nua ãn den Dåg san s siebm Moi um
d Stådt umadumkräut. [16] Und beim siebmtn Moi, wia de
Priester in de Posaunan blåsn håbm, håt da Josua zu de
Leit gsågt: „Måchts a Kriagsgschraa! Weu da Scheff håt de
Stådt eich gebm. [17] Åba de Stådt und ois, wås då drin is, foit
unta n Scheff sein Bãnn. Nua de Rahab, die Schnepfn, soi
ãm Lebm bleibm und olle, de wås bei ihr in ihra Hittn san;
weu sie håt de Botn vasteckt, de wås ma gschickt håbm.
[18] Åba måchts jå an Bogn um des Gebãnnte und saads ned

so gierig, dåss wås von dem Gebãnnten nehmts, weu dãnn
is des Låga von Israel im Bãnn und in da Rue de Gack. 19 Ois
Süüba und Goid und ois Graffl aus Kupfa und Eisn is heu-
lich, fia n Scheff, dåss zu sein Schåtz kummt.“ 20 Då håbm de
Leit a Kriagsgschraa gmåcht und se håbm in de Posaunan
blåsn. Und wia de Leit in Krawäu vun de Posaunan gheat
håbm, is a båtzn Kriagsgschraa losgãngan. Då is de Maua
umgfoin, und de Leit san auffeghappt auf de Stådt, a jeda
Aanzelne, ohne Schreamsn. So håbm s de Stådt arowert
21 und håbm den Bãnn ausgfiat ãn oim, wås in da Stådt woa,
mid n Schweat, volle Wäsch, ãn Männa und Fraun, Junge
und Oide, Rindviecha, Lampln und Esln. 22 Da Josua håt åba
zu de zwaa, de wås im Lãnd gnåsert håbm, gsågt: „Gehts in
die Hittn vun dera Schnepfn und bringts die Oide då ausse
mid oim, wås håt, so wia s as gschwuan håbts.“ 23 Då san die
Männer, die gnåsert håbm, eine und håbm de Rahab aus-
sebråcht und ihrn Vodan und de Mamsch und ihre Briada
und ois, wås ghåbt håt, und de gãnze Mischpoche, und se
håbm s extrig vom Låga von Israel untabråcht. 24 Åba de
Stådt und ois, wås drin woa, håbm s ãnzindt, nua s Süüba
und s Goid und s Graffl aus Kupfa und Eisn håbm s in da
Hittn vum Scheff zu sein Schåtz tãn. 25 Åba de Rahab, die
Schnepfn, håt da Josua midsåmt ihrn Vodan seina Misch-
poche lebm låssn, mid oim, wås ghåbt håt. Und sie woa in
Israel dahaam bis auf den Dåg, weu sie håt de Botn vasteckt,
de wås da Josua gschickt håt, damid s in Jericho nåsern.
26 Zu dea Zeid håt da Josua schwean låssn: „Wea mid den

ãnfãngt, dåss a Jericho wiada aufbaut, dea soi nia mea aus da Schlamastik ausssekumman. Wãnn a n Grund legt, soi s eam sein öötastn Buam kostn, und wãnn a die Dore mâcht, in jingstn!“ 27 So woa da Scheff auf n Josua seina Seitn, dåss eam im gãnzn Lãnd an klassn Hawerer ghaaßn håbm.

Wia die Delila
n Simson einetheatert håt

Richter 15,20–16,31

20 Dåmois, wia die Philister woan, is da Simson zwanzg Joa
lãng da Häuptling gwesn.
16 1 Da Simson is nåch Gaza kumman; duat håt a r a Flit-
scherl gseng und is zu ihr gãngan. 2 Då håbm s in Gaza
gsågt: „Da Simson is heakumman!“ Sie håbm s Haus
umstööt und si die gãnze Nåcht beim Ståtdor auf d Lauer
glegt. Sie woan staad und håbm si dåcht: Muagn, soboid
s höö wiad, drah ma n haam. 3 Bis um Mittanåcht woa
da Simson in da Harpfn, um Mittanåcht is a aufgstãndn,
håt die beidn Diafliegl vom Ståtdor mid die zwaa Pfostn
gnumman und aussegrissn, mid n Schloss. Ea håt si s auf
die Schuitan glegt und bis auf n Gipfe vom Beag vis-a-vis
von Hebron trågn. 4 Dåmois is a auf a Madl aus n Sorek-Doi
gstãndn, die håt Delila ghaaßn. 5 Zu dea san die Scheffitätn
bei die Philister kumman und håbm gsågt: „Dua einebråtn
bei eam und schau, von wås dea so a muads Gråfd håt und
wia ma n eĩfoan låssn kennan. Dãnn bind ma n fest, und
dãnn håb ma n. Du kriagst von an jedn von uns ööfhundert
Süübastickln!“ 6 Die Delila håt zum Simson gsågt: „Geh, såg
ma, von wås du so a muads Gråfd håst! Mid wås muass ma
di festbindn, damid ma di klaakriagt?“ 7 Da Simson håt zu
ihr gsågt: „Wãnn ma mi mid siebm feichtn Sehnan bindt,

die wås ned ausdrickert san, dãnn wea r i schwåch und wia
jeda ãndare.“ 8 Då håbm ihr die Scheffitätn bei die Philister
siebm feichte Sehnan bråcht, die wås ned ausdrickert woan,
und sie håt eam damid festbundn. 9 Sie san bei ihr dahaam
auf da Lauer glegn. Sie håt an Plärrer gmåcht: „Simson,
gib åcht, die Philister!“ Åba ea håt die Sehnan zrissn, wia
a Schnial aus Flachs reißt, wãnn s ãns Feia kummt, und
es woa imma no ned kloa, von wås sei Gråfd kummt. 10 Då
håt die Delila zum Simson gsågt: „Du håst mi ãm Schmäh
ghoitn und mi ãnglogn. Jetza såg ma, mid wås ma di fest-
bindn kãnn!“ 11 Ea håt gsågt: „Wãnn ma mi mid neiche
Strick bindt, die no kaana fia r a Håckn gnumman håt, dãnn
wea r i schwåch und wia jeda ãndare.“ 12 Då håt die Delila
neiche Strick gnumman und eam damid festbundn und
håt an Plärrer gmåcht: „Simson, gib åcht, die Philister“; sie
san nämlich bei ihr dahaam auf da Lauer gleng. Ea håt s
vom Oam åbagrissn wia r an Fådn. 13 Då håt die Delila zum
Simson gsågt: „Bis jetzt håst mi nua ãm Schmäh ghoitn
und mi ãnglogn. Jetza såg ma, mid wås ma di festbindn
kãnn!“ Ea håt gsågt: „Wãnn s d meine siebm Schneckerln
mid n Fådn vom Webstui zsåmmbindst und mid n Pflock
festmåchst, dãnn wea r i schwåch und wia jeda ãndare.“
14 Då håt s eam eĩbüüsln låssn, håt seine siebm Schneckerln
mid n Fådn vom Webstui zsåmmgflochtn und mid n
Pflock festgmåcht. Dãnn håt s an Plärrer gmåcht: „Simson,
gib åcht, die Philister!“ Då is a aufgwåcht und håt seine
gflochtanan Schneckerln midsåmt n Pflock aussegrissn.

15 Sie håt zu eam gsågt: „Wie kãnnst n sågn, dåss d auf mi
stehst, wãnn dei Heaz ned bei mia is? Drei Moi håst mi ãm
Schmäh ghoitn und ma ned gsågt, von wås du so a muads
Gråfd håst.“ 16 Olle Dåg is s eam zuwegstiegn mid dem, wås
gredt håt, und håt eam quööt, bis er scho fåst hinich woa.
17 Då håt a sei Heaz ausgschitt und zu ihr gsågt: „Meine Hoa
håbm no nie a Scheamessa gsegn, weul i von klaa auf in
Scheff vasprochn woa. Wãnn ma wea a Glåtzn scheat, geht
mei Gråfd päule und i wea schwåch und wia jeda ãndare.“
18 Wia die Delila gsegn håt, dåss a r ihr sei gãnzes Heaz aus-
gschitt håt, håt s den Scheffitätn bei die Philister ausrichtn
låssn: „Kummts no amoi hea, weu ea håt ma sei gãnzes
Heaz ausgschitt.“ Då san die Scheffitätn bei die Philister
bei ihr ãntanzt und håbm s Gerschtl midbråcht. 19 Sie håt
eam auf ihrn Schoß eĩbüüsln låssn und an Schakl gruafn,
dåss dea ihm seine siebm Schneckerln åschneidt. So håt
s ãngfãngan, dåss eam klaakriagt, und sei Gråfd håt eam
valåssn. 20 Sie håt an Plärrer gmåcht: „Simson, gib åcht, die
Philister!“ Då is aus sein Schlåf aufgwåcht und håt si dengt:
„I kumm duach, wia r i s vuahea gmåcht håb, i wuaschdl mi
ausse.“ Åba ea håt ned gwusst, dåss da Scheff eam valåssn
håt. 21 Då håbm eam die Philister påckt, håbm eam die
Eigln ausgstochn und ihn åbe nåch Gaza bråcht. Sie håbm
eam in Fessln aus Eisn glegt und eam im Häfn in Mühlstaa
draahn låssn. 22 Åba seine Hoa, de wås eam gschnittn wuan
san, håbm wieda ins Wåchsn ãngfãngan. 23 Die Scheffitätn
bei die Philister san beinãnd gwesn und woitn in Dagon,

ihrm Heagod, a båtzn Opfer schlåchtn und an Mulatschag måchn. Sie håbm gsågt: „Dåss da Simson, des Gfrastsackl, in unsara Gwoit is, des håt unser Heagod gmåcht.“ [24] Wia s scho a bissl ãngflaschlt woan, håbm s gsågt: „Hoits n Simson, dea soi fia uns in Wuaschdl måchn.“ Då håbm s n Simson aus m Häfn bråcht und ea håt si n Kasperl åbegrissn. Sie håbm eam zwischn zwaa Säun gstööt. [25] Wia die Leit eam gsegn håbm, håbm s ihrn Heagod hochlebm låssn und gsågt: „Dåss des Gfrastsackl in unsara Gwoit is, des wås unser Lãnd komplett in Oasch grittn und vüü Leit darschlågn håt, des håt unser Heagod gmåcht.“ [26] Åba da Simson håt zu dem Buam, dea eam ãn da Hãnd gfiat håt, gsågt: „Geh, låss mi, i wüü die Säun gspian, auf denan die Hittn steht, und mi drãnlahnan. [27] Die Hittn woa åba voller Leit, Manderln und Weiberln, und aa die Scheffitäten bei die Philister woan duat. Auf n Dåch woan schätzomativ dreidausnd Leit, Manderln und Weiberln, de wås zuagschaut håbm, wia r a si n Kasperl åbegrissn håt. [28] Da Simson håt n Scheff ãngruafn und gsågt: „Scheff, mei Heagod, denk ãn mi und gib ma no das aane Moi Gråfd, damid i den Philistean die zwaa Eigln auf amoi haamzoi kãnn. [29] Då håt a auf die zwaa Säun in da Mittn griffn, die die Hittn ghoitn håbm, auf die aane mid da rechtn und die ãndare mid da linkn Hãnd, håt si dagegngstemmt [30] und gsågt: „I wüü mid die Philister ååfoan!“ Ea håt mid olla Gwoit druckt, då is die Hittn auf die Großkopfertn und auf olle Leit gfoin, de wås drin woan. So woan mea Dode, die wås a duach sein Åbgãng

haamdraht håt, ois wia r a ois a Lewendicha umbråcht håt.
31 Då san seine Briada åbekumman und die gãnze Partie von
sein Vodan, die håbm eam gnumman und auffebråcht und
håbm eam eĩgråbm im Gråb vom Manoach, sein Vodan,
zwischn Zora und Eschtaol. Zwanzg Joa is a da Häuptling
gwesn in Israel.

Wia da David
in Goliath darschlågn håt

1. Samuel 17

17 1 Die Philister håbm ihnare Heere fia n Kåmpf zsãmm-
zogn und håbm si bei Socho in Juda troffn; zwischen Socho
und Aseka håbm s es Låga gmåcht, bei Efes-Dammim.
2 Und da Saul und die Männer aus Israel håbm si troffn und
ihr Låga im Doi mid de großn Bam gmåcht. Se håbm si auf-
gschtööt, dåss gegn die Philister kämpfn. 3 Und die Philister
san auf an Beag auf dera Seitn gstãndn und die Israelitn auf
ãn Beag auf da ãndan Seitn; des Doi woa in da Mittn. 4 Då is
von da Philister-Partie so a Riegl firekumman, Goliath aus
Gad håt a ghaaßn, dea woa zwarahoib Meter und a boa
Zaquetschde groß. 5 Dea håt an Tschako aus Eisn ãm Schädl
ghåbt und an Pãnzer mid so Schuppn, dea wås sechzg Kilo
gwogn håt, 6 und auf die Haxn håt a bronzane Schienan
ghåbt und an bronzanan Spea auf da Schuita. 7 Und da
Schaft von sein Spea woa wia r a Weberbam, mid ana Spitzn
aus Eisn, de wås siebm Kilo schwea woa, und vua ihm hea
is sei Schani, dea sei Schüüd trågn håt. 8 Und dea håt si
hĩgschtööt und håt zu die Soidåtn von Israel umagschrien:
„Wås kummts es dahea, dåss eich fia an Kriag aufstööts?
Bin i ned a Philister und saads es ned in Saul seine Schakln?
Suachts aan aus, dea wås zu mia umekummt. 9 Wãnn dea
des dablåst, dåss a mi darschlågt, wea ma eichare Sklavn

seĩ. Åba wãnn i des damåch, dåss i eam darschlåg, weads es
unsare Sklavn seĩ und fia uns hackln.“ 10 Und da Philister
håt gsågt: „Mid den håb i s Hea von Israel vaoascht, wia r i
die Möödung gschobm håb: ‚Gebts ma r an Mã und kämpf
ma midanãnd!‘“ 11 Wia da Saul und s gãnze Israel den
Spruch gheat håbm, woan s gãnz hinich, so håbm sa si
ãngschissn. 12 Åba da David woa da Bua von dem Efretiter
aus Bethlehem in Juda, dea wås Isai ghaaßn håt. Dea håt
åcht Buam ghåbt, und wia da Saul woa, woa r a scho nimma
so resch, dåss a ois Soidåt gãngan war. 13 Åba die drei
öötastn Buam vom Isai san mid n Saul in Kriag zogn, die
håbm so ghaaßn: Eliab, des woa da r easchde, Abinadab, da
zweite, und Schamma, da dritte. 14 Da David woa da jingste,
åba die drei öötastn woan duatn beim Saul. 15 Und da David
is mãnchmoi vom Saul wegga nåch Bethlehem gãngan,
weul a auf de Lampln von sein Vodan aufpasst håt. 16 Åba da
Philister is in da Frua und ãm Åbnd firekräut und håt si
hĩgschtööt, vierzg Dåg lãng. 17 Då håt da Isai zum David,
sein Buam, gsågt: „Nimm in Såck mid die grästn Kerndln
fia deine Briada und de zehn Rãnkn Brod und schau, dåss d
as zu deine Briada ins Låga bringst; 18 und de zehn Stickln
frischn Kaas bringst n Hauptmã und schau nåch deine
Briada, ob eh ois leiwãnd is, und bring ma r a Pfãnd von
ihnan mid. 19 Die san mid n Saul und olle ãndern von Israel
im Doi mid de Eichbam und kämpfn gegn die Philister.“
20 Då håt si da David in da Frua aufgmåcht; die Lampln håt
a bei an Hiatn glåssn. Ea håt die Såchn ãm Bugl gnumman,

is duat hin, wo r eam da Isai gschåfft håt, und is zum Låga
kumman. Åba es Hea woa loszogn und aufgschtööt zum
Kåmpf und sie håbm a Kriagsgschraa gmåcht. 21 Israel und
die Philister woan aufgschtööt, vis-a-vis die Vuadastn von
die aan und von die ãndern. 22 Då håt da David sei Graffl bei
an Wåchta låssn und is zu die Soidåtn umegrãnnt; wia r
hĩkummt, frågt a seine Briada, ob eh ois leiwãnd is. 23 Und
wia r a no mid ihnan redt, heast, då is dea Riegl, dea wås
Goliath ghaaßn håt, dea Philister aus Gat, vum Hea von de
Philister firekumman. Ea håt des sööbe gsågt wia r imma,
und da David håt s gheat. 24 Åba wia die Soidåtn aus Israel
den Mã geseng håbm, håbm sa si ãngschissn und san pali-
siert. 25 Und die Männer aus Israel håbm gsågt: „Håbts es
den Mã firekumman gseng? Der kummt fire, weul a si iba
Israel die Goschn zreißn wüü. Wea den darschlågt, den
wiad da Kenich mid Gerschtl zuascheißn, ea wiad eam sei
Madl gebm und sei Vodan wiad mid da gãnzn Partie in
Israel kane Steian mea zoin miassn.“ 26 Då håt da David zu
denan, die wås bei eam gstãndn san, gsågt: „Wås kriagt n
dea, dea wås den Philister då darschlågt und wås gegn die
Schãnd fia Israel duad? Weu wea is dea Philister då mid n
Voahäudl, dea wås si iba di Soidåtn vum lewendichn
Heagod die Goschn zreißt?“ 27 Då håbm die Leit wia vuahea
gsågt: „Wea eam darschlågt, dea kriagt des und des.“ 28 Und
wia da Eliab, sei öötasta Bruada, eam mid de Männer redn
gheat håt, woa r a ãngfressn auf David und håt gsågt: „Fia
wås genau bist du då eĩgrittn? Und bei wem håst die boa

Lampln duatn in da Wüüstn glåssn? I kenn di do, Hea
Wichtig, wås du im Grund fia r a Gfrast bist. Du bist då nua
ãntãnzt, damid s da n Kriag ãschaust.“ 29 Drauf håt da David
gsågt: „Wås håb i denn gmåcht? I håb ja nua gfrågt!“ 30 Und
ea håt si zu an ãndan umedraht und håt den es Gleiche
gfrågt wia vuahea. Då håbm eam die Leit die sööbe Ãntwuat
gebm wia vuahea. 31 Und wia s gheat håbm, wås da David
redt, håbm s as n Saul gsteckt und dea håt eam hoin låssn.
32 Und da David håt zum Saul gsågt: „Wegn den soi si kaana
ãscheißn: Gschamster Diener, i wea hĩgengan und mid eam
kämpfn.“ 33 Åba da Saul håt zum David gsågt: „Du kãnnst
ned hĩgengan und mid dem Philister kämpfn, weu du bist a
heiriga Hås und dea is a Soidåt, seit a r a Bua woa.“ 34 Då håt
da David zum Saul gsågt: „Gschamster Diener, i håb auf die
Lampln von mein Vodan aufpasst; und wãnn dãnn a Löwe
oder a Bea kumman is und håt a Lampl von da Headn weg-
trågn, 35 bin i eam nåchgrennt, håb eam uandlich ghaut und
håb s aus sein Mäu aussegrissn. Åba wãnn a mi ãngãngan
is, håb i n ma ãm Boat heagnumman und dodgschlågn.
36 Gschamster Diener, so håb i in Löwn und in Bean darsch-
lågn, und dem Philister då mid n Voahäudl gschiacht boid
des sööbe, weu ea håt si iba di Soidåtn vum lewendichn
Heagod die Goschn zrissn.“ 37 Und da David håt gsågt: „Da
Scheff håt mi aus die Pråtzn von an Löwn und an Bea ausse-
grissn und wiad mi aa aus de Pråtzn von dem Philister då
aussereißn.“ Då håt da Saul zum David gsågt: „Oisdãnn,
marschia, soi da Scheff da hööfn!“ 38 Und da Saul håt n

David sei eigane Panier ãzogn, håt eam an bronzanan Tschako auf n Plutzer und eam an Pãnzer ãglegt. [39] Da David woitat si in Saul sei Schweat iba da Rüstung umbindn und so gengan, åba ea håt si umasunst ågschtrudlt; weu des håt a no nie gmåcht ghåbt. Da håt da David zum Saul gsågt: „I kãnn ned hadschn aso, i bin des ned gwohnt." Ea håt s åbetãn [40] und sein Steckn in die Hãnd gnumman, håt im Båch finf glåtte Staana gsåmmet und ois Munition in sei Hiatntåschn gebm, dãnn håt a sei Schleida gnumman und is zum Philister hĩ. [41] Da Philister is ollaweu näher auf n David zua, und vuan der Mã, dea wås sein Schüüd trågn håt. [42] Wia da Philister hĩgschaut und in David gseng håt, håt a r eam fia a Årmutschkerl ghoitn; weu ea woa no jung, braun und fesch. [43] Und da Philister håt zum David gsågt: „Heast, bin i a Hundsviech, dåss du mid an Steckn zu mia kummst?" Und da Philister håt iba n David an Fluch zu sein Heagod ausselåssn [44] und håt zum David gsågt: „Geh hea då! I wea dei Fleisch den Vägln ãm Himme und den Viechan auf da r Ead gebm." [45] Åba da David håt zum Philister gsågt: „Du kummst då hea mid an Schweat, an Spea, an Spieß: Åba i kumm im Nãman vom Scheff, dem Heagod mid die Druppn, in Heagod von dem Hea aus Israel, iba des du dia di Goschn zrissn håst. [46] Heit wiad di da Scheff in mei Hãnd gebm, dåss i di darschlåg und da n Plutzer åhau und dei Leich und die Leichn vom Hea von die Philister den Vägln ãm Himme und den Viechan auf da r Ead geb. Dãnn wiad de gãnze Wööd gneißn, dåss Israel an Heagod håt, [47] und

die Partie då wiad ibanåsan, dåss da Scheff mid kan Schweat
hüüft und mid kan Spea; weu des is n Scheff sei Kriag und
ea wiad eich in unsare Händ gebm.“ 48 Wia dãnn da Philister
firekumman und weidagãngan und näher zum David hĩ is,
is da David gschwind von die Soidåtn, wia s aufgschtööt
woan, auf eam zuagrãnnt. 49 Und da David håt sei Hãnd in
d Hiatntåschn gsteckt, håt an Staa aussegnumman, eam
gschleidat und den Philister vuan ãm Plutzer troffn, dåss da
Staa eam ins Hirn gfoan is; då is a voi ãm Bodn auf die
Goschn gflogn. 50 So håt da David in Philister niadagmåcht
mid ana Schleida und an Staa, ea håt eam troffn und
umbråcht. Da David håt åba ka Schweat in da Hãnd ghåbt.
51 Dãnn is da David losgrennt, is zum Philister hĩ und håt si
dem sei Schweat gnumman. Ea håt s aussezogn und ea håt
eam s Letzte gebm und eam in Schädl åghaut. Wia die Phi-
lister gseng håbm, dåss ihr Kapazunda die Bådschn gstreckt
håt, san s palisiert. 52 Und die Soidåtn aus Israel und Juda
san losgrennt und mid an Gschraa hinta die Philister hea
bis nåch Gat und vua die Ståădtdore von Ekron. Die Philister
san darschlågn dåglegn auf da Stråssn von Schaarajim bis
nåch Gat und Ekron. 53 Und die Israelitn san von da Jågd,
die s auf die Philister gmåcht håbm, zruckkumman und
håbm denan ihr Låga ausgraamt. 54 Da David håt åba in
Schädl von dem Philister gnumman und nåch Jerusalem
bråcht, seine Wåffn håt a in sei Zööt glegt. 55 Wia åba vuahea
da Saul gseng håt, wia da David zum Philister hĩ is, håt a n
Abner, sein Hauptmã, gfrågt: „Von wem is des da Bua?“

Da Abner håt gsågt: „A wãnn s d mi darschlågst: I waaß ned.“ [56] Da Kenich håt gsågt: „Dãnn fratschl die Leit aus, von wem des Burschi da Bua is.“ [57] Wia dãnn da David zruckkumman is, wia r a gengan Philister gwunnan ghåbt håt, håt da Abner eam gnumman und zum Saul zaht, und ea håt in Schädl von dem Philister in da Hãnd ghåbt. [58] Und da Saul håt zu eam gsågt: „Von wem bist du da Bua, Burschi?“ Da David håt gsågt: „Gschamster Diener, i bin da Bua vom Isai aus Bethlehem.“

Da David und sei Pantscherl

2. Samuel 11 & 12

11 1 Wia s Joa um woa und wieda die Zeid kumman is, wo ma
ois Kenich in Kriag ziagt, håt da David in Joab und seine Leit
und mid eam gãnz Israel losgschickt; sie soitn den Ammo-
nitern ihr Lãnd niedamåchn und Rabba belågern. Åba da
David is in Jerusalem bliebm. 2 Und då is Foigendes gscheng:
Da David is ãm Åbmd aufkräut von seina Harpfn und is ãm
Dãch von sein Palåst umanãndagãngan; då håt a vom Dãch a
Frau gseng, die si wåscht, und die Frau woa r a gstatzte Gredl.
3 Da David håt nåch dera Frau frågn låssn, und sie håbm
gsågt: „Des is do die Batseba, dem Eliam seĩ Dochda, die
Oide vom Uria, dem Hetiter.“ 4 Da David håt seine Schakln
hĩgschickt und håt s hoin låssn. Und wia s zu eam kumman
is, håt a s budert; åba sie håt si gråd east gwåschn ghåbt,
weu s die Gschicht ghåbt håt. Dãnn is wieda zhaus gãngan.
5 Und die Frau is schwãnger wuan und håt an zum David
gschickt, dåss a sågt: „Bei mia håt s eĩgschlågn.“ 6 Da David
håt n Joab ausrichtn låssn: „Schick ma n Uria, den Hetiter.“
Und da Joab håt n Uria zum David gschickt. 7 Da Uria is zu
eam kumman und da David håt eam gfrågt, ob eh ois paletti
is mid n Joab und mid n Hea und mid n Kriag. 8 Dãnn håt
da David gsågt: „Geh åbe in dei Hittn und wåsch da d Fiass.“
Wia da Uria aus m Kenich sein Palåst aussegãngan is, håbm
s eam a Gschenk vom Kenich nåchtrågn. 9 Åba da Uria håt si

glei beim Eingãng zum Palåst schlåfn glegt, wo olle Soidåtn
von sein Scheff glegn san; zhaus gãngan is a ned. 10 Wia s
dem David gmöödt håbm: „Da Uria is ned zhaus gãngan“,
håt da David zum Uria gsågt: „Håst du ned an braadn Weg
ghåbt? Wås bist n ned zhaus gãngan?“ 11 Da Uria håt zum
David gsågt: „S Bundeslaadl und Israel und Juda san in an
Zööt dahaam, und da Joab, mei Scheff, und mein Scheff
seine Soidåtn schlåfn ãm frein Fööd: und då soi i zhaus
gengan, hawern und tschechern und mei Oide budern? So
woa da Scheff und so woa du lewendich bist: so wås måch
i ned!“ 12 Da David håt zum Uria gsågt: „Heit bleibst då,
muagn deafst dãnn wieda gengan.“ So is da Uria ãn den Dåg
in Jerusalem bliebm und ãm nächstn aa no. 13 Då håt eam
da David eĩglådn, dåss a bei eam hawert und tranklt, und ea
håt eam niedagschwaaßt. Auf d Nåcht is a aussegãngan und
håt si auf sei Platzl bei die Leit von sein Scheff zum Büüsln
glegt; zhaus gãngan is a ned. 14 Ãm nächstn Dåg in da Frua
håt da David an Briaf ãn d n Joab gschriebm und håt eam
in Uria midgebm. 15 In dem Briaf håt a gschriebm: „Stööt s
n Uria gãnz nåch vuan, wo da Kãmpf echt ka Bemmerl is,
und ziagt s eich dãnn zruck hinta eam, dåss a darschlågn
wiad und die Bådschn streckt.“ 16 Wia da Joab dãnn die Stådt
belågert håt, håt a n Uria duathĩ gschtööt, wo r a gwusst håt,
dåss duat kane Schwåchmatiker san. 17 Wia die Leit aus da
Stådt an Ausfoi gmåcht håbm, dåss gengan Joab kämpfn,
håbm hibsch a boa vom Voik, vom David seine Leit, a Bangl
grissn, und aa da Uria, da Hetiter, håt die Bådschn gstreckt.

18 Da Joab håt an gschickt und n David ois schüüdan låssn,
wås im Kãmpf gscheng is, 19 und håt m Schakl gsågt: „Wãnn
s damid fertig bist, dem Kenich ois schüüdan, wås im Kãmpf
gscheng is, 20 und siachst, dåss da Kenich in Såft geht und
sågt: ‚Wås saads n im Kãmpf zua Stådt so nãh zuwegãngan?
Wisst s es ned, dåss von da Mauer gschossn wiad? 21 Wea
håt n Abimelech darschlågn, den Buam vom Jerubbaal? Håt
ned a Weibsn von da Mauer an Müüstaa auf eam gschmissn,
dåss a in Tebez die Bådschn gstreckt håt? Wås saad s n so
nãh zua Mauer zuwegãngan?‘– dãnn sågts aafoch: ‚Von
deine Leit håt aa da Uria, da Hetiter, die Bådschn gstreckt.‘“
22 Då is da Schakl los, is zum David kumman und håt eam
ois gsågt, wegn dem da Joab eam gschickt håt. 23 Und da
Schakl håt zum David gsågt: „Weu s gegn uns fia die ãndern
guad ausgschaut håt, san s aussekumman auf s Fööd gegn
uns, åba mia san drãnbliebm bis ãns Ståttoa. 24 Då håbm
die Soidåtn von da Mauer åbe auf deine Leit gschossn, und a
boa vom Kenich seine Leit håbm die Bådschn gstreckt, und
aa da Uria, da Hetiter, dei gschamster Diener, håt a Bangl
grissn.“ 25 Da David håt zu dem Schakl gsågt: „Foigendes
såg n Joab: ‚Von dem låss di ned åbedruckn, vom Schweat
gfressn wiad amoi da Gigl und amoi da Gogl. Kämpft s weida
gegn die Stådt und reißts as nieda!‘ So soist eam aufbaun.“
26 Und wia dem Uria sei Oide gheat håt, dåss ihr Oida, da
Uria, die Bådschn gstreckt håt, håt s um an Gattn blaazt,
wia s a si gheat. 27 Åba wia s fertig woa mid n Blaazn, håt da
David wen hĩgschickt und håt s in sei Hittn hoin låssn; sie

is sei Oide wuan und håt eam an Buam auf d Wööd bråcht.
Åba n Scheff woa des, wås da David gmåcht håt, ibahaupt
ned wuaschd.

12 1 Da Scheff håt n Nathan zum David gschickt. Wia r a då
woa, håt a r eam dazööt: „In ana Stådt håt s zwaa Männer
gebm, da aane woa gstopft, da r ãndare a Negerant. 2 Da
Gstopfte håt an Oaschfoi Lampln und Rindviecha ghåbt,
3 åba da Negerant håt nix ghåbt außa aan klaan Lampl, wås
a kauft håt. Ea håt eam a guads Papperl gebm, dåss schee
gwåchsn is bei eam, zsãmm mid seine eiganan Gschråppn.
Es håt von sein Bissn gfressn und aus sein Glasl gsoffn, håt
bei eam ãm Schoß büüslt und woa wia r a Dochda fia eam.
4 Åba wia da Gstopfte an Bsuach ghåbt håt, hätt s eam laadtã,
aans von seine Lampln oda Rindviecha nehman, dåss a
wås hearicht fia n Bsuach, dea wås kumman is. Oisa håt a
s Lampl vom Negeranten gnumman und håt s heagricht fia
n Mã, dea wås zu eam kumman is.“ 5 Då håt da David an
muads Gizi kriagt auf den Mã und håt zum Nathan gsågt:
„So woa da Scheff lewendich is: Dea Mã, dea wås des gmåcht
håt, soitat krepian, 6 und fia s Lampl soi a vier Moi brandln,
weul a des gmåcht håt und s eam ned laadtã håt!“ 7 Då håt
da Nathan zum David gsågt: „Heast, des bist du sööba! Da
Scheff, Israel sei Heagod, sågt aso: ‚I håb di zum Kenich iba
Israel gmåcht, i håb di aus m Saul seina Hãnd aussegrissn,
8 di Hittn von dein Scheff håb i da gebm und seine Weiba aa
no; des Haus Israel und Juda håb i da gebm, und wãnn des

no ned gnua gwesn war, hätt i då und duat no wås drauf-
glegt.‘ 9 Wås håst n gschissn auf des, wås da Scheff redt, und
håst wås gmåcht, wås a goa ned mãg? In Uria, den Hetiter,
håst mid n Schweat darschlågn und håst da sei Oide eĩgnaht.
Eam håst mid n Schweat von die Ammoniter åkraglt. 10 Nå,
dãnn soi deĩ Mischpoche s Schweat a nie mea loswean, weu
s d auf mi gschissn håst und weu s da die Bathseba, die Oide
vom Uria, dem Hetiter, eĩgnaht håst. 11 Da Scheff sågt aso:
‚Huach, i wea di zsãmmprackn, mid Zores von deine eiganan
Leit, i wea deine Weiba vua deine Augn nehman und ãn
ãndern gebm, dåss a s ãm höllichtn Dåg budert. 12 Weu du
håst as haamlich gmåcht, åba i wea s vua gãnz Israel und
ãm höllichtn Dåg måchn.‘“ 13 Då håt da David zum Nathan
gsågt: „Des woa r a Linke, wås i in Scheff einedraht håb!“
Da Nathan håt zum David gsågt: „Da Scheff låssts guad seĩ
mid deina Linkn; du wirst ned die Bådschn streckn. 14 Åba
weu si deswegn olle, die wås an Pick auf n Scheff håbm, die
Goschn zreißn, wird da Bua, den s d kriagt håst, a Bangl
reißn.“ 15 Dãnn is da Nathan haamgãngan. Da Scheff håt
den Gschråppn, den die Oide vom Uria auf d Wööd bråcht
håt, niederprackt, dåss a gãnz hinich woa. 16 Da David håt n
Scheff ãnbenzt wegn dem Gschråppn und håt ibahaupt nix
ghawert, und wãnn a haamkumman is, håt a si iba d Nåcht
auf d Ead glegt. 17 Då san seine öötastn Vawãndtn kumman,
dåss eam vom Bodn auffezahn, åba ea woit ned und håt nix
mid ihnan ghawert. 18 Åba ãm siebmtn Dåg håt da Bãmbale-
dsch die Bådschn gstreckt. Dem David seine Leit håbm an

Spundus ghåbt, dåss eam sågn, dåss da Bãmbaledsch die Bådschn gstreckt håt, weu sie håbm si dengt: „Schauts, wia da Bãmbaledsch no glebt håt, håbm ma mid eam gredt und ea håt die Uawaschln zua ghåbt. Wie kenn ma eam jetz sågn: ‚Da Bãmbaledsch is maukas'? Dea kenntat wås Fiachtaliches ãnstön. " [19] Åba wie da David gseng håt, dåss seine Leit mauscheln, håt a ibanåsert, dåss da Bãmbaledsch maukas is, und håt zu seine Leit gsågt: „Da Bãmbaledsch is maukas, gö?" Sie håbm gsågt: „Jå, ea r is maukas." [20] Då is da David aufkräut von da r Ead, håt si gwåschn, eĩgschmiert und a neiche Schoin ãnzogn und is im Scheff sei Hittn gãngan und håt mid n Heagod gredt. Wia r a wieda dahaam woa, håt a si wås zum Hawern kumman låssn und håt eĩgschnittn. [21] Då håbm seine Leit zu eam gsågt: „Heast, Oida: wia da Bãmbaledsch no glebt håt, håst nix ghawert, nua blaazt; kaum dåss a die Bådschn gstreckt håt, kräust auf und hawerst?" [22] Sågt ea: „Wia da Bãmbaledsch no glebt håt, håb i nix ghawert, nua blaazt, weu i håb ma dengt: ‚Wås waaß i, vielleicht håt da Scheff a Eĩsegn und da Bãmbaledsch packt des no.' [23] Åba jetz, wo r a ågfoan is, za wås soi i nix hawern? Kånn i eam wieda zruckhoin? I wea mi amoi zu eam schleichn, åba ea kummt ned zruck zu mia." [24] Und wia da David die Bathseba, sei Oide, aufbaut håt, is a eine zu ihr und håt s budert. Sie håt an Buam auf d Wööd bråcht und håt eam Salomo ghaaßn. Und da Scheff ist gstãndn auf eam. [25] Und da Heagod håt n Nathan gschickt, den Prophetn, dea håt eam Jedidja ghaaßn: dem Scheff sei Zuckagoscherl, weu da Scheff des so woin håt.

Salomonisches Urteil

Wås da Salomo fia r a Viffzack woa

1. Könige 3

3 1 Und da Salomo håt si mid n Pharao, in Kenich vun
Ägypten, auf a Packl ghaut und håt a Dochda vum Pharao
gheirat; ea håt s zum David seina Ståådt bråcht, bis sei
eigane Hittn und in Scheff sei Hittn und die Mauer rund
um Jerusalem baut woa. 2 Åba de Leit håbm Opfer auf die
Beag gmåcht, obm ãm Juchee, weu dãmois de Hittn auf n
Nãman vum Scheff no ned baut woa. 3 Åba da Salomo is auf
n Scheff gstãndn und håt si ãn des ghoitn, wås da David,
sei Vodan, ãngschåfft håt, nua dåss a obm auf die Beag
Opfer gmåcht håt, Viecha und Såchn zan Reichan. 4 Und
da Kenich is nåch Gibeon gãngan weng an Opfer, weu des
woa da gräßte Opferplåtz. Duatn auf n Altar håt da Salomo
dausnd Opfer brenna låssn. 5 Und es woa in Gibeon in da
Nåcht, då is da Scheff in Salomo im Dram darschienan, und
da Scheff håt gsågt: „Du kãnnst mi um wås ãnhaun, wås i
da gebm soi.“ 6 Und da Salomo håt gsågt: „Heast, du woast
echt klass zu mein Vodan, n David, dein gschamstn Diener,
weul a r aa ois a Guada und ohne an Bschiss vua dia glebt
håt. Du bist echt klass zu eam gwesn und håst eam an Buam
gschenkt, dåss dea auf sein Thron sitzt, und jetza is aso.
7 Schau, Scheff, Heagod, du håst dein gschamstn Diener
stått mein Vodan David zum Kenich gmåcht. Åba i bin a

Frischgfångta, a heiriga Hås, i håb echt kan Plan ned. 8 Und
dei gschamster Diener is in da Mittn von den Voik, wås du
da ausgsuacht håst, an Voik, des wås so groß is, dåss kaana
sågn kãnn, wia groß, ned amoi schätzomativ. 9 Oisdãnn gib
dein gschamstn Diener a foigsåms Heaz, damid a fia de Leit
a guada Richter seĩ und ausanãndahoitn kãnn, wås guad is
und wås a Linke is. Weu wea bringt des sunst zsåmm, fia des
zaache Voik a Richter seĩ?" 10 Wås si da Salomo gwunschn
håt, håt in Scheff gfoin 11 und da Heagod håt zu eam gsågt:
„Weu s da des gwunschn håst, ned a lãngs Lebm oda vüü
Marie oda dåss de a Bangl reißn, de wås an Wickl mid dia
håbm, sundan um Vastãnd, ums Zuahean, dåss d a guada
Richter bist, 12 schau, dãnn måch i, wås d wüüst: I geb da a
Heaz volla Vastãnd und Eĩsegn, wie s as vua dia ned gebm
håt und nåch dia ned gebm wiad. 13 Und ois Zuawåg geb i da,
wås d da ned gwunschn håst: vüü Marie und a Renommee,
dåss kaana vun de Kenich is wia du. 14 Und wãnn s d so
lebst, wia r i wüü, dåss d hoitst, wås i ãngschåfft håb, wia
da David, dei Vodan, glebt håt, dãnn wea r i da r aa a lãngs
Lebm gebm." 15 Und wia da Salomo aufgwåcht is, sixt as,
då woas a Dram. Und ea is nåch Jerusalem kumman, is
zum Laadl vum Bund mid n Scheff gãngan, håt brennerte
Opfer ois Dãngschee måchn låssn und håt a båtzn Festmoi
fia r olle Großkopferten gmåcht. 16 Zu dera Zeid san zwaa
Professionelle zum Kenich kumman und zu eam hingãngan.
17 Und de aane håt gsågt: „Heast, Scheff, i und de Frau då
wohnan in da sööbn Hittn, und i håb mein Gschråppn

bei ihr dahaam auf d Wööd bråcht. [18] Und drei Dåg nåch mia håt de aa an Gschråppn auf d Wööd bråcht. Und mia woan beinãnd, es woa kaa ãndara in dera Hittn, nua mia zwaa. [19] Und da Bua vun dera Frau håt in da Nåcht a Bangl grissn, weu wia s gschlåfn håt, håt s eam zdruckt. [20] Und sie is aufkräut in da Nåcht und håt mein Buam gnumman, der nebm mia glegn is, wia r i, gschamster Diener, gschlåfn håb. Dãnn håt s eam in ihrn Oam glegt und in mein Oam ihrn dodn Buam. [21] Und wia r i in da Frua aufkräu, dåss i eam zuzln låss, pfäu, da håt a d Läffe ågebm. Åba in da Frua håb i ma n genau ãngschaut, sixt as, woas ned mei Bua, den wås i auf d Wööd bråcht håb.“ [22] Und die ãndare Frau håt gsågt: „Naa, mein Buam gehts guad, åba deina håt a Bangl grissn.“ Drauf wieda die Easchde: „Naa, deina håt a Bangl grissn, åba mein gehts guad.“ Und in dera Oat håbm s vuam Kenich kewwet. [23] Und da Kenich håt gsågt: „De aane sågt: ‚Mein Buam gehts guad, åba deina håt a Bangl grissn.‘ De ãndare sågt: ‚Naa, deina håt a Bangl grissn, åba mein gehts guad.‘“ [24] Und da Kenich håt gsågt: „Hoits ma r a Schweat!“ Und wia s eam es Schweat bråcht håbm, [25] håt da Kenich gsågt: „Teut s den Gschråppn, der lebt, in zwaa Stickln, und gebts de aane Höftn dea und de ãndare Höftn dera!“ [26] Då håt die Frau, vun dea da Bua no glebt håt – weu n Heaz von ana Muatta is sowås echt ned wuaschd –, zum Kenich gsågt: „Heast, Scheff, gebts ihr in lewendichn Gschråppn und bringts eam ned um!“ Åba de ãndare håt gsågt: „Ea soi weda mia no dia ghean; schneidts eam ausanãnd!“ [27] Då håt da Kenich die Ãntwuat gebm und gsågt: „Gebts dea n lewendichn Gschråppn und bringts eam ned um; de is sei Muatta.“ [28] Und gãnz Israel håt von dem Uateu gheat, auf des da Kenich kumman is, und se håbm an båtzn Reschbegd vua eam kriagt, weu s ibanåsert håbm, dåss a vum Scheff hea a a Viffzack und a guada Richter woa.

Wia da Elia dem Baal seine Prophetn haamdraht

1. Könige 18 & 19

18 1 Nåch ana lãngan Zeid, nåch drei Joa, håt da Elia
wieda wås vom Scheff gheat: „Kumm, låss di vom Ahab
ãschaun, weu i wüü s regnan låssn auf d Ead.“ 2 Und da
Elia is gãngan, dåss a si vom Ahab ãschaun låsst. Åba in
Samaria woan s in da Rue de Gack, weu s nix zum Hawern
ghåbt håbm. 3 Da Ahab håt n Obadja, sein obastn Schakl,
gruafn (åba da Obadja woa r ana, dea wås auf n Scheff hoit;
4 weu wia die Isebel dem Scheff seine Prophetn åkraglt håt,
håt da Obadja hundert gnumman und håt s haamlich in
a Höhle bråcht, då fuffzig und duat fuffzig, und sie håbm
Brod und Wåssa von eam kriagt). 5 Und da Ahab håt zum
Obadja gsågt: „Kumm, suach ma s gãnze Lãnd å, a jede
Quöön und an jedn Båch, ob ma a Grås findn und die Ross
und die Maultiere ãm Lebm hoitn, damid ned olle Viecha
krepian.“ 6 Und sie håbm si s Lãnd aufteut: da Ahab is alã
auf aan Weg gãngan und da Obadja alã auf an ãndern. 7 Wia
da Obadja so gãngan is, heast, kummt eam da Elia entgegn.
Und wia r a eam kennt håt, håt a si auf d Ead ghaut und
gsågt: „Bist du des, Scheff, da Elia?“ 8 Ea håt gsågt: „Jå, i
bin s, marschier und såg dein Scheff: ‚Da Elia is då!‘“ 9 Åba
da Obadja håt gsågt: „Wås håb i fia r a Linke draht, dåss
d mi, dein Untaläufl, dem Ahab in die Hãnd gibst, dåss a

mi åkraglt? 10 So woa dei Heagod, da Scheff, lewendich is:
Es gibt ka Voik und ka Kenigreich, wo mei Scheff mi ned
hĩgschickt håt, dåss i di suach. Und wãnn s gsågt håbm: ‚Ea
r is ned då‘, håt a s Kenigreich und s Voik schwörn låssn,
dåss di ned gfundn håbm. 11 Und jetz sågst du: ‚ Marschier,
såg dein Scheff: Da Elia is då!‘ 12 Wãnn i mi jetz schleich von
dia, kenntat s seĩ, dåss dem Scheff sei Geist di vazaht, i waaß
ned, wohĩ; und wãnn i dãnn kumm und såg s n Ahab und
er findt di ned, kraglt a mi å. Und dabei hoit i von klaa auf,
gschamster Diener, auf n Scheff! 13 Håt da kaana dazööt,
Scheff, wås i gmåcht håb, wia die Isebel dem Scheff seine
Prophetn åkraglt håt? Dåss i hundert Prophetn vom Scheff
vasteckt håb, då fuffzig und duat fuffzig, in ana Höhle, und
dåss Wåssa und Brod von mia kriagt håbm? 14 Und jetz sågst
du: ‚ Marschier, såg dein Scheff: Da Elia is då!‘Åkragln wiad
a mi!“ 15 Da Elia håt gsågt: „So woa da Scheff, mei Scheff,
lewendich is: heit no steh r i voa r eam!“ 16 Då is da Obadja
in Ahab entgegngãngan und håt s eam gsågt, und da Ahab
is n Elia entgegnkumman. 17 Und wia da Ahab in Elia gseng
håt, håt a zu eam gsågt: „Heast, bist du des, dea wås Israel
in die Scheiße reitn duad?“ 18 Åba ea håt gsågt: „Des bin ned
i, dea wås Israel in die Scheiße grittn håt, sondern du und
es Haus von dein Vodan, weu s Babaa gsågt håbts zu die
Vuaschriftn vom Scheff und weu s den Baalen nåchgrãnnt
saads. 19 Kumm, schick wen und låss gãnz Israel zu mia
auf n Beag Karmel kumman, und aa die vierhundertfuffzig
Prophetn vom Baal und die vierhundert Prophetn von da

Aschera, de bei da Isebel ãm Tisch hawern.“ [20] Då håt da Ahab ausgschickt zu gãnz Israel und håt die Prophetn ãm Beag Karmel ãnkräun låssn. [21] Då håt si da Elia vor die gãnzn Leit hĩgschtööt und gsågt: „Wia lãng woits es no mid beide Haxn hinkn? Wãnn da Heagod da Scheff is, kräut s eam nåch, åba wãnns da Baal is, kräut s eam nåch!“ Die Leit håbm åba auf des nix gsågt. [22] Då håt da Elia zu die Leit gsågt: „I bin ibabliebm ois Prophet vom Scheff, i alã, dem Baal seine Prophetn san vierhundertfuffzig. [23] Gebts uns zwaa Stiere: de soin si aan aussuachn, eam in Schtickln schneidn und auf s Hoiz legn, åba kaa Feia ãzindn; dãnn wea r i den ãndern nehman und auf s Hoiz legn, åba kaa Feia ãzindn. [24] Und es soits in Nãman von eicharn Heagod ruafn, und i ruaf den Nãman vom Scheff. Dea, dea wås mid an Feia ãntwuat, dea is frãnk da Heagod.“ Auf des håbm olle Leit gsågt: „Is guad!“ [25] Und da Elia håt zu die Prophetn vom Baal gsågt: „Suachts eich an Stier aus und richts eam zeaschd hea, weu es saads a gãnza Oaschfoi. Dãnn ruafts den Nãman von eicharn Heagod, åba zindts kaa Feia ã.“ [26] Und sie håbm den Stier gnumman, dea wås ihnan gebm wuan is, håbm eam heagricht und håbm dem Baal sein Nãman gruafn von da Frua bis z Mittåg: „Baal, heast, såg wås!“ Kaa Spruch, kaa Ãntwuat. Und se san hinkend um den Altar umadum, den s gmåcht håbm. [27] Wia s Mittåg wuan is, håt si da Elia an Kårl gmåcht mid ihnan: „Schreits lauda, weu ea is do a Heagod, kãnn seĩ, dåss a gråd z tuan håt oda untawegs is oda ea büüslt und muass east aufwåchn.“ [28] Und sie

håbm laud plärrt und håbm si, wia s as so måchn, mid die
Messer und Speere gschnittn, bis Bluat grunnan is. 29 Åba
wia da Mittåg vuabei woa, san s scho gãnz narrisch wuan,
bis zu dea Zeid, wo ma s Speiseopfer måcht; åba då woa
kaa Spruch, kaa Ãntwuat und kaana, dea hĩgheat hätt. 30 Då
håt d Elia zu die gãnzn Leit gsågt: „Kummts hea då!" Und
wia di gãnzn Leit firekräut san, håt a dem Scheff sein Altar
wieda aufbaut, dea wås hinich woa, 31 håt zwööf Staana
gnumman – so vüü, wia s Stämme gibt von die Buam vom
Jakob, dea vom Scheff gsågt kriagt håt: „Du soist Israel
haaßn" – 32 und håt mid die Staana an Altar baut fia dem
Scheff sein Nãman und rund uman Altar an Gråbm, so
braad, dåss zwaa Häfn Kerndln aussaan kenntast, 33 håt s
Hoiz heagricht, den Stier in Stickln gschnittn und eam auf
s Hoiz glegt. 34 Und da Elia håt gsågt: „Hoits vier Kübeln
Wåssa und schitts as auf s Opfer und auf s Hoiz!" Und ea
håt gsågt: „Und jetza no amoi!" Und sie håbm s no amoi
gmåcht. Und ea håt gsågt: „A dritts Moi a no!" Und sie
håbm s zum drittn Moi gmåcht. 35 Und es Wåssa is rund
uman Altaar grunnan, und aa da Gråbm woa volla Wåssa.
36 Und wia s Zeid fia s Speiseopfer woa, is da Prophet Elia
firekräut und håt gsågt: „Scheff, du Heagod vom Abraham,
Isaak und Jakob, heit soin s olle gneißn, dåss du da Heagod
in Israel bist und i dei gschamster Diener und dåss i ois
gmåcht håb, wia du gsågt håst! 37 Hea mi ãn, Scheff, hea mi
ãn, damid die Leit då gneißn, dåss du, Scheff, da Heagod
bist und dåss d as zu dia zruckbringst!" 38 Då is dem Scheff

sei Feia vom Himme gfoin, håt es Brãndopfer, des Hoiz, die
Staana und d Ead gfressn und es Wåssa im Gråbm aufg-
schleckt. 39 Wia die gãnzn Leit des gseng håbm, håbm sa si
ãm Bodn gschmissn und gsågt: „Da Scheff is da Heagod, da
Scheff is da Heagod!“ 40 Åba da Elia håt ihnan gsågt: „Kas-
siert s dem Baal seine Prophetn, dåss kaana auskummt!“
Und sie håbm s kassiert. Und da Elia håt s åbebråcht zum
Båch Kischon und håt s duatn haamdraht. 41 Und zum Ahab
håt da Elia gsågt: „Los, marschier, hawer und sauf wås, wcu
s rauscht, wia wãnns regnan woitat.“ 42 Wia da Ahab mar-
schiert is, dåss a hawert und sauft, is da Elia auf n Gipfe
vom Karmel gãngan, is nieda auf d Ead und håt sein Plutzer
zwischn seine Knie ghoitn 43 und håt zu sein Schakl gsågt:
„Geh auffe und schau zum Mea!“ Dea is auffe, håt gschaut
und gsågt: „Då is nix!“ Da Elia håt gsågt: „Geh no amoi!“,
und da Schakl is wieda gãngan, siebm Moi. 44 Und beim
siebmtn Moi håt a gsågt: „Heast, då steigt a Woikerl vom
Mea auf, so klaa wia die Hãnd von an Menschn.“ Då håt
da Elia gsågt: „Marschier und såg n Ahab: ‚Spãnn ãn und
foa åbe, damid di da Regn ned aufhoit!‘“ 45 Und glaubst as
ned, is da Himme schwoaz wuan vua Woikn und Wind und
es håt gwaschlt wia bled. Da Ahab is auf sein Wågn und
åbegfoan nåch Jesreel. 46 Und dem Scheff sei Hãnd woa r
iba m Elia, dåss a r eam Gråfd gibt, und ea is vuam Ahab
heagrennt bis Jesreel eine.

19 1 Und da Ahab håt da Isebel ois gsågt, wås da Elia gmåcht
håt, aa, wia r a dem Baal seine Prophetn mid n Schweat
åkraglt håt. 2 Då håt die Isebel an Schakl zum Elia gschickt,
dåss a r eam sågt: „Die Gätta soin mid mia måchn, wås
woin, wãnn i ned muagn um die Zeid mid dia måch, wås du
mid denan gmåcht håst!“ 3 Då is m Elia da Reis gãngan, ea
is los und is um seĩ Lebm grennt. Ea is nåch Beerscheba in
Juda kumman, duat håt a sein Schakl glåssn. 4 Ea is in die
Wüüstn marschiert, so weid, wia s d ãn aan Dåg kummst;
duatn håt a si unta r ãn Wachoida gsetzt und woitat aafoch
nua mea sterbm. Ea håt gsågt: „Es is gnua, Scheff, du kånnst
mei Lebm håbm, weu i bin aa ned besser ois wia meine
Vuafoan.“ 5 Ea håt si hĩglegt und is unta dem Wachoida ein-
büüslt. Und, glaubst as, då håt a r an Engl gschpiat, und dea
håt gsågt: „Kräu auf und hawer wås!“ 6 Und ea håt si umg-
schaut, und då is frãnk nebm sein Plutzer a haaß båchanes
Brod glegn und a Kriagl Wåssa. Und wia r a ghawert und
drunkn ghåbt håt, håt a si wieda hĩglegt. 7 Und dem Scheff
sei Engl is zum zweitn Moi kumman, håt eam ãngriart und
gsågt: „Kräu auf und hawer wås, weu des is no a braada Weg
fia di!“ 8 Und ea is aufkräut, håt ghawert und drunkn, und
mid da Gråfd von dem Papperl is a vierzg Dåg und vierzg
Nächt lãng bis zum Horeb marschiert, dea wås dem Scheff
sei Beag is. 9 Duatn is a in a Höhle eine, då is a iba Nåcht
bliebm, und da Scheff håt zu eam gredt: „Wås måchst n
då, Elia?“ 10 Sågt ea: „I håb mi ågschtrudlt fia n Scheff, den
Heagod mid die Druppn, weu Israel håt auf des pfiffn, wås

d mid ihnan ausgmåcht håst, sie håbm deine Altäre niedag-
rissn und deine Prophetn mid n Schweat åkraglt. I bin alã
ibabliebm, nua r i, und jetza woin s a mi haamdrahn.“ 11 Da
Scheff håt gsågt: „Kräu ausse då und stöö di ãm Beag hĩ vua
n Scheff, weu da Scheff wiad vuabeigengan.“ Und a meada
oaga Wind, dea wås die Beag zrissn und die Föösn zab-
rochn håt, is vuam Scheff hea kumman; åba im Wind woa
da Scheff ned. Nåch n Wind is a Eadbebm kumman, åba
im Eadbebm woa da Scheff ned. 12 Nåch dem Eadbebm is a
Feia kumman, åba im Feia woa da Scheff ned. Nåch m Feia
is a gãnz a zoats Lüfterl kumman. 13 Wia da Elia des gheat
håt, håt a si n Mãntl vua s Gsicht tãn, is aussekräut und
håt si vua da Höhle hĩgschtööt. Då håt a redn gheat: „Wås
måchst n då, Elia?“ 14 Ea håt gsågt: „I håb mi ågschtrudlt fia
n Scheff, den Heagod mid die Druppn, weu Israel håt auf
des pfiffn, wås d mid ihnan ausgmåcht håst, sie håbm deine
Altäre niedagrissn und deine Prophetn mid n Schweat
åkraglt. I bin alã ibabliebm, nua r i, und jetza woin s a mi
haamdrahn.“ 15 Åba da Scheff håt zu eam gsågt: „Geh zruck
duach die Wüüste, wia s d kumman bist, nåch Damaskus.
Wãnn s d duatn bist, måchst n Hasaël zum Kenich von
Aram; 16 den Jehu, im Nimschi sein Buam, måchst zum
Kenich von Israel, und n Elischa, in Schafat sein Buam,
zum Prophetn ãn deina Schtöö. 17 So wiad s a si åschpüün:
Wea n Hasaël sein Schweat auskummt, den wiad da Jehu
åkragln, und wea n Jehu sein Schweat auskummt, den wiad
da Elischa åkragln. 18 I wüü in Israel siebmdausnd ibalåssn,

olle Knia, de wås si ned vuam Baal hĩgschmissn håbm, olle Goscherln, de wås eam ned åbusslt håbm.“ [19] Und da Elia håt si gschlichn von duat und håt n Elisa, in Schafat sein Buam, gfundn, wia r a gråd pfliagt håt. Zwöfe Paarln Viecha håt a vua si ghåbt, und ea woa sööba beim zwöftn. Und da Elia is hĩgãngan und håt sein Mãntl iba eam gschmissn. [20] Då håt da Elisa die Rindviecha seĩ låssn, is hinta n Elia heagrennt und håt gsågt: „I wüü no mein Vodan und meina Mamsch a Bussl gebm, dãnn wea r i mid dia kumman.“ Ea håt zu eam gsågt: „Heast, reiß å; wås håb i denn mid dia gmåcht?“ [21] Då is da Elisa ågrissn, håt a Paarl Viecha gnumman, håt s gschlåcht und mid n Hoizgschia es Fleisch brådn und ãn d Leit vateut, dåss a s hawern. Dãnn håt a si aufgmåcht, is mid n Elia mid kumman und håt eam n Schani gmåcht.

Wia si da Belsazar, da Kenich, fåst ãscheißt vua Schreck

Daniel 5

5 1 Da Kenich Belsazar håt fia seine dausnd Großkopfertn
an Mulatschag gmåcht und håt si mid ihnan ãntschechert.
2 Und wia r a blunznfett woa, håt a die goidanan und
süwanan Schoin hoin låssn, die sei Voda Nebukadnezar
aus n Tempe in Jerusalem gflaucht håt: Da Kenich mid die
Großkopfertn, mid seine Weiba und mid die Gspusis soitat
aus denan biberln. 3 Då håbm s die goidanan und süwanan
Schoin ghoit, die aus n Tempe in Jerusalem gfladert wuan
san, und da Kenich, seine Großkopfertn, seine Weiba und
seine Gspusis håbm aus denan biberlt. 4 Und wia s då so
tschechert håbm, håbm s Gätta aus Goid und Süwa, aus
Bronze und Eisn, aus Hoiz und Staa leiwãnd ghaaßn. 5 In
den Moment san wia von da Hãnd von an Menschn auf
amoi Finger då gwesn, die håbm im Soi vom Kenich vis-a-
vis vom Luster auf die gwaaßlte Wãnd gschriebm. Und da
Kenich håt die Hãnd gseng, wia s schreibt. 6 Då is n Kenich
es Gsicht åbagfoin, in sein Schädl håt s Granada gspüüt,
es håt eam beidlt und seine Knia håbm ziddert. 7 Und da
Kenich håt an lautn Plärrer gmåcht, dåss s die Gneißer,
die Gstudiertn und Woasåger hoin soin. Und ea håt den
Gneißern ausrichtn låssn: „Wea die Schrift lesn und ma
sågn kãnn, wås s haaßt, dea kriagt a Panier aus Purpur und

a goidane Kettn uman Hois, dea soi da Dritte in mein Reich
seĩ.“ 8 Då håbm s olle in Kenich seine Gneißer heazaht,
åba de håbm de Schrift ned lesn kennan, und in Kenich
schüüdan, wås s haaßt, aa ned. 9 Då håt si da Belsazar, da
Kenich, east recht ãgschissn, ea håt nua mea deppat schaun
kennan, und den Großkopfertn is da Reis gãngan. 10 Wegn
den, wås da Kenich und de Großkopfertn gsågt håbm, is in
Kenich sei Muatta in Soi eine und håt gsågt: „Du soist ewich
lebm, Kenich! Scheiß di ned ã weng den, wås d da denkst,
und s Gesicht soi da ned åbafoin. 11 In dein Reich gibt s aan,
dea r a Viffzack is, vun de heulichn Gätta hea. Weu wia no
dei Voda gwesn is, håst gseng, dåss a r a Jass, a Kapazunda,
a Viffzack is, a Viffzack vun die Gätta hea. Und dei Voda,
da Kenich Nebukadnezar, håt eam zum Scheff von de
Gneißer, die Gstudiertn, die Woasåger und Steandeita
gmåcht, 12 weu s gmerkt håbm, dåss a r a Jass, a Kapazunda,
a Viffzack is, dea da ausdeitscht, wås da dramt håt, dea an
jedn Bledsinn ibanåsert und Såchn gneißt, de wås kaana
waaß: Daniel, dem håt da Kenich in Nãman Beltschazar
gebm. Hoits in Daniel; dea wiad schüüdan, wås s haaßt.“
13 Då håbm s n Daniel zum Kenich bråcht, und da Kenich
håt zum Daniel gsågt: „Bist du da Daniel, aana von de
Sacklpicker aus Juda, de wås mei Voda, da Kenich, aus
Juda heabråcht håt? 14 I håb iba di gheat, dåss du a Viff-
zack bist, vun de heulichn Gätta hea, dåss d a Jass, a Kapa-
zunda, a Gneißer bist. 15 I håb ma gråd east de Gstudiertn
und Woasåger kumman låssn, damid s ma die Schrift lesn

und schüüdan, wås s haaßt; åba de kennan ma ned sågn,
wås des soi. 16 Iba di håb i gheat, dåss d an jedn Bledsinn
ibanåserst und Såchn gneißt, de wås kaana waaß. Wãnn s
du die Schrift lesn und ma sågn kãnnst, wås s haaßt, soist a
Panier aus Purpur und a goidane Kettn uman Hois kriagn
und da Dritte in mein Reich seĩ.“ 17 Då håt da Daniel gredt
und zum Kenich gsågt: „Die Gschenke kãnnst da ghoitn;
gib s an ãndern! Åba de Schrift wea r i in Kenich trotzdem
vualesn und sågn, wås s haaßt. 18 Heast, Kenich: Da obaste
Scheff håt in Nebukadnezar, dein Vodan, es Reich und die
Måcht gebm, dåss a mea woa ois wia da Fürscht Påmsti.
19 Und wegn da Måcht, de wås a ghåbt håt, håbm si Leit
aus olle Länder und Språchn vua eam ãngschissn. Ea håt
haamdraht, wen a woin håt, ea håt lebm låssn, wen a woin
håt, ea håt auffetrågn, wen a woin håt, ea håt niedagmåcht,
wen a woin håt. 20 Åba wia r a dãnn so hochgschissn woa,
dåss eam in d Nåsn einegrengt håt, is a åbagschtessn wuan
vom Kenich sein Thron und sei Renommee woa päule.
21 Die Menschn håbm eam n Weisl gebm, dåss a r a Heaz
von an Viech kriagt håt; er håt bei wüüde Esln glebt und
Gras gfressn wia die Rindviecha, und vom Himme da Tau
håt eam nåss gmåcht, bis a ibanåsert håt, dåss da obaste
Scheff mea Gwoit håt ois olle Kenich und dåss a zum Kenich
måcht, wen a wüü. 22 Åba du, Belsazar, sei Bua, håst mid n
Stoiz ned nåchlåssn, obwoi s d des ois gwusst håst. 23 Du håst
gengan Scheff im Himme aufgriebm und håst da Schoin aus
seina Hittn bringan låssn. Du, deine Großkopfertn, deine

Weiba und deine Gspusis: olle håbm draus Weĩ biaschtlt.
Gätta aus Goid und Süwa, aus Bronze und Eisn, aus Hoiz
und Staa, de wås nix seng, nix hean und nix wissn, håst du
leiwãnd ghaaßn. Åba vuam Heagod, dea a jedn Schnaufa
von dia in da Hãnd håt und ois, wås d måchst im Lebm,
håst kaan Reschbegd ghåbt. 24 Wegn den is da von eam
de Hãnd då gschickt und de Schrift då gschriebm wuan.
25 Und des is die Schrift, de wås da gschriebm steht: Mene
mene tekel u-parsin. 26 Und des haaßt s: Mene – da Scheff
håt dei Heaschåft ois Kenich åzööt und Schluss gmåcht.
27 Tekel – du bist gwogn wuan auf da Wååg und woast z
leicht. 28 Peres – dei Reich is aufteut und den Medern und
Persern gebm wuan.“ 29 Då håt da Belsazar gschåfft, dåss da
Daniel a Panier aus Purpur und a goidane Kettn uman Hois
kriagt; und ea håt ibaroi die Ãnsåg måchn låssn, dåss a da
Dritte in sein Reich is. 30 Åba in dera sööbn Nåcht håbm s n
Belsazar, in Kenich von de Chaldäer, haamdraht.

Wia da Jona denan in Ninive die Wadln fire gricht håt

Jona

1 [1] Da Scheff håt zum Jona, dem Amittai sein Buam, gredt:
[2] „Påck di zsãmm und geh nåch Ninive, in die Riesnstådt!
Richt ihnan die Wadln fire, weu i håb gseng, wås des fia
Gfrasta san.“ [3] Då håt si da Jona zsãmmpåckt und woitat
päule gengan, weg vom Scheff nåch Tarsis, und is nåch
Jafo kumman. Wia r a a Schinakl gfundn håt, wås nåch
Tarsis foan soit, håt a denan s Gerschtl gebm und is auffe
aufs Schiff, dåss a mid ihnan nåch Tarsis foat und n Scheff
aus die Augn kummt. [4] Då håt da Scheff ãm Mea an muads
Wind kumman låssn; es håt a so a meada Unwetta gebm,
dåss glaubt håst, es Schiff bricht ausanãnd. [5] Und den
Matrosen is da Reis gãngan. Sie håbm plärrt, a jeda zu sein
Heagod, und håbm des gãnze Glumpert, wås ãm Schiff
woa, ins Mea ghaut, damid s leichta wiad. Åba da Jona woa
scho vuahea ins Schiff åbe; ea is dåglegn und håt büüslt.
[6] Då is da Kapitän hĩ zu eam und håt eam gsågt: „Heast,
wås schlåfst n? Kräu auf und ruaf dein Heagod! Vielleicht
håt dea Heagod a Eĩsegn mid uns, dåss ma ned åsaufn.“
[7] Und aana håt zum ãndern gsågt: „Kummts, des los ma
r aus, damid kloa wiad, wegn wem ma in da Rue de Gack
san.“ Und wia s glost håbm, håt s n Jona troffn. [8] Då håbm
s zu eam gsågt: „Schüüda: Wegn wås samma so im Oasch

dahaam? Wås håst du fia r a Håckn? Wo kummst du hea?
Aus wöchm Lãnd und aus wöchm Voik bist n?“ [9] Ea håt zu
ihnan gsågt: „I bin a Hebräer und i hoit auf n Scheff, den
Heagod vom Himme, dea wås des Mea und es Drockane
gmåcht håt.“ [10] Då is den Leitn da Schiach ãngãngan und
sie håbm zu eam gsågt: „Wås håst n des gmåcht?“ Sie håbm
ibanåsert, dåss a vuam Scheff weggrennt is, weu des håt a
ihnan gsågt ghåbt. [11] Då håbm s zu eam gsågt: „Wås soi ma
denn måchn mid dia, damid s Mea uns a Ruah gibt? Des
Mea wiad jå imma wüüda.“ [12] Ea håt ihnan gsågt: „Påckt
s mi und hauts mi ins Mea, dãnn wiad s Mea eich in Ruah
låssn, weu i waaß genau, dåss nua wegn mia des fiachta-
liche Unwetta iba eich kumman is.“ [13] Und die Leit håbm
fest gruadert, dåss a s bis ãns Festlãnd damåchn, åba sie
håbm s ned zsãmmbråcht, weu s Mea ihnan imma no ärger
entgegnkumman is. [14] Då håbm s den Scheff ãngruafn
und gsågt: „Geh, Scheff, låss do ned uns åsaufn wengan
Lebm von dem aan Mã! Låss ned uns zoin fia wås, wås ma
ned gmåcht håbm! Scheff, du måchst as, wia s dia gfoit.“
[15] Und sie håbm in Jona gnumman und ins Mea ghaut, då
woa s Mea staad; kaa Wirbe mea. [16] Und die Leit håbm an
Spundus ghåbt vuam Scheff; sie håbm Opfer verãnstoit fia
eam und hoch und heulich Såchn vasprochn.

2 [1] Åba da Scheff håt an muadstrumm Fisch kumman låssn,
dåss a n Jona schlickt. Und da Jona woa drei Dåg und drei
Nächt in da Wãmpn von dem Fisch. [2] Und da Jona håt sein

Heagod, den Scheff, ãngsempert aus da Wãmpn vom Fisch
3 und gsågt: „In meiner Not håb i n Scheff gruafn, und
da Scheff håt ma r a Ãntwuat gebm. Aus m Quiqui seina
Pappn håb i plärrt, und du håst gheat, wia r i plärr. 4 Du
håst mi dauni ghaut, mittn ins Mea, um mi hea woa nix
ois wia Wåssa, da Seegãng und olle deine Wöön san iba mi
hea. 5 I håb ma dengt: I håb n Bschisterer kriagt, i bin da
gãnz aus di Augn, i siach dein heulichn Tempe nie mea. 6 I
håb nix ois wia s Nãsse ghåbt bis zua Gurgl, s tiafe Wåssa
woa um mi hea und Schüüf auf mein Plutzer. 7 Mi håt s
åbetrågn bis zum Untagrund von die Beag, wia r a Deckl
is d Ead iba mia zuagãngan. Åba du håst mi lewendich aus
da Gruabm aussegfiat, Scheff, mei Heagod. 8 Wia r ois in
mia zsãmmbrochn woa, håb i auf n Scheff dengt, und mei
Gebet is zu dia kumman, in dein heulichn Tempe. 9 Wea si
ãn wås festhoit, wås goa nix is, vasaamt s Ollabeste. 10 Åba
i wüü da opfern und Dãngschee sågn. Wås i zuagsågt håb,
wea r i måchn, fia n Scheff, dea wås ma ghoifn håt.“ 11 Und
da Scheff håt mid n Fisch gredt und dea håt n Jona auf s
Drockane ausgspiebm.

3 1 Då håt da Scheff zum zweitn Moi zum Jona gredt: 2 „Påck
di zsãmm und geh nåch Ninive, in die Riesnstådt, und richt
ihnan aus, wås i da såg!“ 3 Då håt si da Jona zsãmmpåckt
und is nåch Ninive gãngan, wia s eam da Scheff gschåfft
håt. Åba Ninive woa r a Riesnstådt, sogoa fia an Heagod,
drei Dåg håst då duachbraucht. 4 Wia da Jona in die

Stådt einekumman is und gråd aan Dåg weid woa, håt a
si hĩgschtööt und gsågt: „Vierzg Dåg no, dãnn is Ninive
komplett im Oasch!“ 5 Då håbm die Leit von Ninive auf n
Heagod ghoitn und a Fåstn ausgruafn, und olle, Große und
Klaane, håbm si Sackln ãnzogn mid an Åschn drauf. 6 Und
wia des vua n Kenich von Ninive kumman is, is a von sein
Thron aufgstãndn und ausse aus seina Scheffitätnschoin,
håt si a Såckl ãnzogn und si in an Åschn gesetzt. 7 Ea håt
ibaroi in Ninive sågn låssn, wås ea ois Kenich mid seine
Großkopfertn ihnan schåfft: „Ka Mensch und ka Viech, ka
Kuah und ka Lampl soi iagndwås eĩschneidn, sie soin nix
hawern und aa ka Wåssa saufn. 8 Si soin si Sackln ãnziagn
mid an Åschn drauf, Menschn und Viecha, und fest zum
Heagod schrein. A jeda soi aufhean, a Gfrast sein und soi ka
Linke mea drahn! 9 Wea waaß? Womäglich håt da Scheff a
Eĩsegn und låsst nåch mid sein Grant und sein Gachn, und
mia gengan do ned in Oasch.“ 10 Åba wia da Scheff gseng
håt, wia s aufgheat håbm Gfrasta sein, håt eam des Oage,
wås sei Ãnsåg gwesn is, laadtãn und ea håt s ned gmåcht.

4 1 Då woa da Jona åba uandlich ãngfressn und is in Såft
gãngan. 2 Ea håt mid n Scheff gredt und gsågt: „Heast,
Scheff, des is s jå, wås i ma dengt håb, wia r i no zhaus woa.
Deswegn håt s ma pressiert, dåss i nåch Tarsis kumm, weu
i håb gwusst: Du bist aana, dea wås a Eĩsegn håt, du bist a
guada Lådsch und trågst nix nåch, du ibalegst da s da mid
wås Oagm. 3 Oisdãnn, Scheff, låss mi a Bangl reißn, weu i

mächat liaba maukas seĩ ois wia lewendich.“ 4 Åba da Scheff
håt gsågt: „Glaubst, du håst recht, wãnn s d an Gachn håst?“
5 Und da Jona is bei da Stådt ausse und håt si a Platzl im Ostn
von da Stådt gsuacht, duatn håt a si an Vaschlåg baut, unta
den håt a si in Schåttn gsetzt, dåss a siacht, wås mid da Stådt
gschicht. 6 Åba da Heagod, da Scheff, håt a Staudn wåchsn
låssn, ãn Rizinus. Dea is iba n Jona gwåchsn, dåss a fia sein
Schädl an Schåttn måcht und dåss a sein Grant valiert. Und
da Jona håt si gfreit wia deppat wegn da Staudn. 7 Åba in
da Frua, wia d Sun no ned aufgãngan woa, håt da Scheff
an Wurm kumman låssn, dea håt in die Staudn bissn und
drauf is die Staudn eĩgãngan. 8 Und wia d Sun aufgãngan
is, håt da Scheff an haaßn Ostwind kumman låssn, und die
Sun håt eam am Schädl gstochen, bis a gãnz hinich woa. Då
håt a si gwinscht, dåss a die Bådschn streckt und håt gsågt:
„I mächat liaba maukas seĩ ois wia lewendich.“ 9 Då håt da
Scheff zum Jona gsågt: „Glaubst, du håst recht, wãnn s d an
Gachn håst wegn da Staudn?“ Drauf da Jona: „No åba sicha
håb i recht, wãnn i so an Gachn håb, dåss i a Bangl reißn
mächt.“ 10 Und da Scheff håt zum Jona gsågt: „Dia duads
laad wegn da Staudn, mid dea du kaa Håckn ghåbt håst und
die du aa ned aufzogn håst; die is in aana Nåcht gwåchsn
und in aana Nåcht eĩgãngan. 11 Und mia soitat s ned laadtua
wegn Ninive, a so a riesige Stådt, in dea s mea ois wia hun-
dertzwanzgdausnd Menschn san, die wås links und rechts
ned ausanãndakennan, und a Haufn Viecha aa no?“

Ois håt sei Zeid

Kohelet 3

3 1 Ois håt sei Zeid, und ois, wås d måchst auf dera Wööd,
håt sei Stund: 2 auf d Wööd kumman håt sei Zeid, a Bangl
reißn håt sei Zeid; pflãnzn håt sei Zeid, aussareißn, wås
d pflãnzt håst, håt sei Zeid; 3 åkragln håt sei Zeid, gsund
måchn håt sei Zeid; niedareißn håt sei Zeid, baun håt sei
Zeid; 4 rearn håt sei Zeid, låchn håt sei Zeid; raunzn håt sei
Zeid, tãnzn håt sei Zeid; 5 Staana wegschmeißn håt sei Zeid,
Staana såmmen håt sei Zeid; åbussln håt sei Zeid, aufhean
mid n Åbussln håt sei Zeid; 6 suachn håt sei Zeid, valian
håt sei Zeid; bhoitn håt sei Zeid, wegschmeißn håt sei Zeid;
7 zreißn håt sei Zeid, zuanahn håt sei Zeid; d Pappn hoitn
håt sei Zeid, redn håt sei Zeid; 8 liabm håt sei Zeid, an Pick
håbm håt sei Zeid; an Wickl håbm håt sei Zeid, a sööliche
Rua håbm håt sei Zeid. 9 Du kaunnst di åstrudln, wia s d
wüüst, es bringt da goa nix. 10 I håb ma de Håckn ãngschaut,
de wås da Scheff dena Menschn gebm håt, dåss a si damid
åstrudln. 11 Ea håt ois schee gmåcht, dåmois; ea håt ihnan
aa d Ewichkeid ins Heaz gebm; nua dåss da Mensch nix
gneißn kaun vun den, wås da Scheff måcht, wia s ãnfangt,
ned und aa ned, wia s aufheat. 12 Då håb i ibanåsert, dåss
nix Bessas gibt ois wia r a Gaudi håbm und si s im Lebm
guad gehn låssn. 13 Weu wãnn a Mensch a Papperl und wås
zum Biberln håt und ned deschparat wiad bei den gãnzn

Tschoch, des håt da Scheff gebm. [14] I håb ibanåsert, dåss ois, wås da Scheff mâcht, ka End håt; då kãnnst nix dazua tuan und nix wegganehman. Des mâcht da Scheff ois, damid s an Reschbegd vua eam håbm. [15] Wås gschiacht, is ois scho dågwesn, und wås sei wiad, is aa scho längst dågwesn; und da Scheff hoit wieda fire, wås vagãngan is. [16] Wås i aa no gseng håb auf dera Wööd: Im Justizpalåst håbm s auf des pfiffn, wås da Scheff wüü, und im Ministerium håbm s ghuast auf Grechdichkeid. [17] Då håb i ma gsågt: Da Scheff wiad den Guadn und den Gfratssackln sågn, wås a von ihnan hoit, weu ois, wås d mâchst, und ois, wås d tuast, håt sei Zeid. [18] Wås die Leit ãngeht, håb i ma fia mi dengt: Da Scheff håt sa se ausgsuacht, åba dãnn håt a gseng, dåss midanãnd san wia die Viecha. [19] Weu es geht den Menschn wia die Viecha: So wia die Viecha åfoan, so reißt a r aa a Bangl, weu de mâchn olle nua die sööbn Schnaufa, und da Mensch is aa nix ãndas ois wia die Viecha; es is nämlich eh ois fia die Wiaschd. [20] Ois schleicht si ãn aan Plåtz. Ois is aus n Staub kumman und wiad wieda zu Staub. [21] Wer waaß des, ob des Schnaufn vum Menschn in die Häh geht und des Schnaufn von die Viecha åbe unta d Ead? [22] Då håb i eĩgseng, dåss nix Bessas gibt ois an Menschn, der sei Håckn leiwãnd find; weu des is seins. Weu wea wiad eam dazu bringan, dåss a siacht, wås nåch eam gschiacht?

Glossar

Für ausführlichere Erklärungen seien die Interessierten auf folgende Werke verwiesen: *Peter Wehle:* Sprechen Sie Wienerisch? Von Adaxl bis Zwutschkerl. Erweiterte und bearbeitete Neuausgabe. Wien: Uebereuter, 1980. *Robert Sedlaczek / Melita Sedlaczek:* Wörterbuch des Wienerischen. Innsbruck-Wien: Haymon, 2011.

A

a Bangl reißn	sterben
ååfoan	verschwinden
Aansapanier	Ausgehgewand
åbedruckn	niederdrücken, entmutigen
åbeißn	verlieren
ois åberaaman	jemandem jegliches Selbstvertrauen nehmen
åbetrågn	benachteiligen, schlecht, behandeln
ågwichst	klug, hinterlistig
åkiefln	abfressen
åkragln	jemandem den Hals umdrehen, töten
ãngflaschlt	betrunken
ãnhaun	(jemanden) nachdrücklich um etwas bitten
ãnhiasln	anmalen
ãnsempern	weinerlich um etwas bitten
ãntãnzn	herkommen
si ãntschechern	sich betrinken
åreißn	losrennen, verschwinden
Ärme	Oberarm
Årmutschkerl	eine bemitleidenswerte Person
arowert	erobert
si åschtrudln	sich anstrengen, sich abmühen
åstiern	jemanden um finanzielle Werte erleichtern
auffehappn	hinaufspringen
auffetrågn	bevorzugen, begünstigen
aufreibn	aggressiv werden, (gegen jemanden)
ausdrickert	ausgetrocknet
ausfratschln	ausfragen
ausgschissn håbm	der sichere Verlierer sein, chancenlos sein
aussereißn	erretten
si aussewuaschtln	sich irgendwie der Probleme entledigen

åwatschn	ohrfeigen
åzöön	abzählen

B

Baana	Knochen
Babaa sågn	sich verabschieden
båchn	gebacken
Bãmbaledsch	Kind
barabern	arbeiten
båtzn	groß, viel
bedackln	überlisten, betrügen
ka Bemmerl	keine Kleinigkeit
Biachl	Buch
biaschtln	trinken
biberln	trinken
blaazn	weinen
Bladln	Blätter
blian	blühen
blunznfett	völlig betrunken
braada Weg	langer Weg
brandln	bezahlen
Brülla	Brillant, Edelstein
Bschiss	Betrug
Bschisterer	Entlassung, Laufpass
budern	geschlechtlich verkehren
Bugl	Rücken
bumstanazl	(Ausruf des Erstaunens)
büüsln	schlafen

D

dablåsn	genug Kraft (für etwas) haben
dauni	hinunter, auf den Boden
dazahn	erreichen, fertig bringen
deppat	blöd
Detschn	Ohrfeige
Diafliegl	Türflügel
Dial	Tür
die Bådschn streckn	sterben
die Wadln fire richn	die Leviten lesen, disziplinieren
Doi	Tal

Dram	Traum
dredn	treten
Duanan	Dornen
duatn	dort

E

eĩbüüdn	einbilden
eĩbüüsln	einschlafen
eĩfoan låssn	blöd dastehen lassen, übertölpeln
si eĩnahn	sich unter den Nagel reißen
einebråtn	bezirzen, betören
einereitn	in Probleme bringen
einetheatern	hereinlegen, in Schwierigkeiten bringen
eĩreitn	ankommen
eĩschneidn	essen
Eĩseng	Einsehen, Erbarmen

F

Feaschn	Ferse
firekräun	vortreten, nach vorne kommen
flauchn	stehlen, entwenden
Flinserl	Ohrschmuck
Flitscherl	Prostituierte
Föö	Fell
Fööd	Feld
frãnk	ehrlich, echt; tatsächlich

G

gaach	schnell, plötzlich
Gache	Jähzorn
Gerschtl	Geld
Gfrast	böser Mensch
Gfrastsackl	besonders böser Mensch
Gfries	(hässliches) Gesicht
da Gigl – da Gogl	dieser – jener
Gizi	Zorn
Glumpert	Unrat, Zeug
Gnack	Genick
Gneißer	Gebildete
gneißn	verstehen, erkennen

Goschn	Maul
graazt	gereizt
Gråfd	Kraft
Graffl	wertloses Zeug
es spüüt Granada	es geht höchst unangenehm her
Grant	Ärger
gschamster Diener	ergebenster Diener
Gschau	Blick, Gesicht
Gschicht	Regelblutung, Menstruation
gschneizt und kampelt	geschnäuzt und gekämmt
Gschraa	Geschrei
Gschråpp	Kind
Gschstripp	Gestrüpp
Gschtöö	Gestell, Figur
gschüüdat	geschildert
Gseres	Klage, Gejammer
Gspãnn	Gefährte, Begleiter
Gspusi	Geliebte(r), Verhältnis
gstatzte Gredl	attraktive Frau mit üppigen Formen
gstopft	reich
Gstudierte	Menschen mit höherer, Bildung
guada Lådsch	gutmütig, guter Kerl
gwaaßlt	weiß bemalt
gwöözt	gewälzt

H

haamdrahn	töten
nix haaßn	nicht gut sein, keine Qualität haben
hackln	arbeiten
Håckn	Arbeit
hadschn	gehen
Häfn	Gefängnis
Häfnbruada	Gefängnisinsasse
si an Häkl måchn mid	sich einen Spaß erlauben, auf die Probe stellen
Harpfn	Bett
Hawerer	Freund, Gefährte
hawern	essen
heiriga Hås	heuriger Hase
si iba d Heisa haun	abhauen, verschwinden

hinich	fertig, kaputt
Hittn	Haus
hochgschissn	(zu) vornehm, arrogant

I

ibanåsern	verstehen, erkennen

J

Jass	Könner

K

Kapazunda	Spitzenkönner
si an Kårl māchn	sich einen Scherz erlauben, es sich gut gehen lassen
Kasperl	Figur zum Lachen
Käuwe	Kalb
kewwen	keppeln, schimpfen
Kööch	Auseinandersetzung, Streit
kräun	kriechen

L

Lampl	Lamm
leiwãnd	sehr gut
Linke	Unrecht, etwas Falsches, Gesetzesverstoß
Lutschga	Schnuller; eine nicht ernst zu nehmende Person

M

Mameluschn	(Mutter)sprache
Mamsch	Mutter
Marie	Geld
maukas	tot
mauscheln	heimlich reden
meada	groß, gewaltig
Mischpoche	Familie, Sippe
Moistaana	Mühlsteine
Möödung	Meldung, Aussage
muads	groß, gewaltig
muadstrumm	sehr groß
muagn	morgen
Muatta	Mutter

Mulatschag	Fest mit ausuferndem Alkoholkonsum

N

nåsern	herumschnüffeln
Negerant	jemand ohne Geld
niedaschwaaßn	betrunken machen

O

Oaschfoi	große Menge
Oide	Gattin
öötare	ältere

P

si auf a Packl haun	sich verbünden (mit)
Palawatsch	Durcheinander
paletti	bestens
palisiern	schnell (los)laufen
Pantscherl	Affäre, Liebschaft, Techtelmechtel
Papperl	Essen
Pappn	Mund
Papsch	Vater
päule gehn	verschwinden
Pick	Unmut, Widerwillen, Zorn
Plärrer	Schrei, Aufschrei
Plutzer	Kopf

Q

Quiqui	Tod
quisiquasi	sozusagen
quöön	quälen
Quöön	Quelle

R

Rãnkn	Brotlaib
rearn	weinen
mia geht da Reis	ich habe Angst
resch	frisch, kräftig, knusprig
Reschbegd	Respekt
Ruass	Ruß
Rue de Gack	Holzweg, sehr problematische Situation

S

Sacklpicker	Gefangener
in Såft gehn/sein	erregt /zornig / werden/ sein
schåffn	befehlen
Schakl	Diener, Untergebener
n Schani måchn	(jemandem) dienen
schätzomativ	schätzungsweise
Scheangla	Augen
Scheffitätn	Vornehme, Leute in führender Position
Scheffitätnschoin	Kleidung, hochstehender Personen
scheniiat	geniert
mia geht da Schiach ãn	einen Schreck bekommen
Schinakl	Boot
Schippe	viele
Schlamastik	Pech, Unglück
ãm Schmäh hoitn	jemandem nicht die Wahrheit sagen
Schneckerl	Locke
Schnepfn	Prostituierte
Schnial	Schnur
Schoin	Kleidung
Schreamsn	Schräge, Umweg
Schwåchmatiker	eine kraftlose Person
in Servas måchn	grüßen, Ehrerbietung erweisen
Soi	Saal
späun	spalten
Spundus	Angst
Staa	Stein
staad	ruhig, still
stengan auf	(jemanden) mögen
stuaschädlert	starrköpfig

T

trankln	Alkohol trinken
Tschako	Hut, Kopfbedeckung
tschechern	saufen
Tschoch	schwere, unangenehme Arbeit
Tschusch	Ausländer

U

Uawaschl	Ohr
umstööt	umstellt

V

vaoaschn	verarschen
Viffzack	blitzgescheit, mit besonders schneller Auffassungsgabe
Vodan	Vater
volle Wäsch	mit hoher Intensität

W

Waazn	Weizen
Wãmpn	Bauch
waschln	regnen
n Weisl gebm	Lokalverbot erteilen
n Weisl kriagn	weggeschickt werden
Wiaschdl	Würstel; eine nicht ernst zu nehmende Person
Wickl	Streit
winnich	gierig, Lust habend
Wuaschtl	Figur zum Lachen

Z

zaach	zäh, anstrengend
zamerschern	zerstören, zerkleinern
Zauwerer	Zauberer
zeidich	zeitig
Zööte	Zelte
Zores	Schwierigkeiten, Probleme
zsãmmprackn	niederschlagen
Zuagraasta	Zugewanderter
ois Zuawåg	obendrein
Zuckagoscherl	Liebling
zuwesteign	bedrängen

© Archiv des Autors

Roland Kadan wurde 1961 in Wien geboren und wuchs in Wien-Währing auf. Er unterrichtet seit den 1980er Jahren Latein und Evangelische Religion und ist daneben (als externer Lehrender) an der Universität Wien, in der Lehrer/innen-Fortbildung sowie als Autor tätig. 2008 erschien sein Latein-Liederbuch „Cantare necesse est". Heute lebt er in Wien-Hütteldorf.